EIN FACH DEUTSCH

Unterrichtsmodell

Astrid Lindgren

Ronja Räubertochter

erarbeitet von Barbara Schubert-Felmy
herausgegeben von Johannes Diekhans

Best.-Nr. 22268 6

Verlag Ferdinand Schöningh

Inhaltsverzeichnis

Unterrichtsmodell

Astrid Lindgren „Ronja Räubertochter“

Baustein 1: Das Leben auf der Burg – Erfahrung der Geborgenheit (S. 12-23 im Modell)

1.1	Annäherung an die Burg und die Hauptperson	–	Kreativer Umgang mit dem Bild auf dem Buchdeckel
1.2	Ronjas Geburt	Romananfang	Textarbeit, Arbeitsblatt 3
1.3	Kennzeichnung der Personen, die Ronja während der ersten Lebensjahre auf der Burg prägen	S. 8-14	Textarbeit, darstellendes Spiel
1.4	Die Mattisburg	S. 11f., 15, 26f., 31f., 48f., 50f., 67f., 86ff.	Textarbeit, Beschreibung der Bilder, Arbeitsblatt
1.5	Ein Besuch auf der Burg	–	Erzählaufgabe
1.6	Vergleich des Romananfangs mit dem Filmbeginn	Romananfang, Film	Tafelbild, Arbeitsblatt

Baustein 2: Das Räuberwesen (S. 24-35 im Modell)

2.1	Die Raubüberfälle	S. 26, 28, 62ff., 99f., 115f.	Textarbeit, Film, Tafelskizze, Schreibauftrag
2.2	Die Räuber	S. 27,47, 104, 115ff., 180ff.	Auftrag plastischer Gestaltung, Bastelauftrag oder Cluster„Räuberaktion“
2.3	Räubersprache und Räuberstreit	z.B. S. 10, 14, 26f., 42, 45, 69	Textarbeit, Szenisches Spiel, Auseinandersetzung mit Sekundärtexten, gemeinsame Lektüre
2.4	Der Räuberhauptmann Mattis	ges. Buch, bes. S. 40ff., Z 3	Textarbeit, exemplarische Einzelanalyse, Tafelskizze, Schreibarbeit
2.5	Frauen in der Welt der Räuber	ges. Buch	Textarbeit, Schreibauftrag, Folie
2.6	Das Wolfslied	S. 28, 66, 139, 146f., 155, 197 214, 228	Textarbeit, Schreibauftrag, Projekt

Baustein 3: Die Natur (S. 36-44 im Modell)

3.1	Die Entwicklung innerer Bilder – Eintauchen in die Atmosphäre	ges. Buch	Schreib- oder Malauftrag Musikhören
3.2	Analyse eines Textausschnittes	S. 105-107	Textarbeit, Schreibauftrag, Schülervortrag
3.3	Tiere im Wald	ges. Buch	Filmanalyse, Arbeitsblatt, Textarbeit, Schreibauftrag
3.4	Naturmagische Wesen	s. Z 7	Arbeitsblatt, Projektvorschlag, Referat
3.5	Natur und Räuberwelt	S. 19f., 25 54ff., 146ff.	Textvergleiche

Baustein 4: Ronja und Birk (S. 45-53 im Modell)

4.1	Die Entwicklung der Freundschaft	s. Z 12	Textarbeit, Tafelskizze, Schreibauftrag, Arbeitsblatt
4.2	Die Botschaft der Liebe	s. Z 12	Textarbeit, Schreibauftrag
4.3	Die Lösung vom Elternhaus	s. Z 13	Textarbeit, Schreibauftrag

Baustein 5: Die Botschaft des Friedens (S. 54-57 im Modell)

5.1	Das Romeo- und Julia Motiv	Z 16, Z 17	Textarbeit Tafelskizze Schreibauftrag
5.2	Die Friedensrede Astrid Lindgrens	Z 18	Textarbeit Schreibarbeit

Arbeitsfrage

Einzelarbeit

Partnerarbeit

Gruppenarbeit

Unterrichtsgespräch

Schreibauftrag

Szenisches Spiel

Mal- und Zeichenauftrag

Bastelauftrag

Projektorientierung, offenes Unterrichtsangebot

Vorwort

Der vorliegende Band ist Teil einer Reihe, die Lehrerinnen und Lehrern erprobte und an den Bedürfnissen der Schulpraxis orientierte Unterrichtsmodelle zu ausgewählten Ganzschriften und weiteren relevanten Themen des Faches Deutsch bietet.
Im Mittelpunkt der Modelle stehen Bausteine, die jeweils thematische Schwerpunkte mit entsprechenden Untergliederungen beinhalten.
In übersichtlich gestalteter Form erhält der Benutzer/die Benutzerin zunächst einen Überblick zu den im Modell ausführlich behandelten Bausteinen.

Es folgen:

- Hinweise zu den Handlungsträgern
- Zusammenfassung des Inhalts und der Handlungsstruktur
- Vorüberlegungen zum Einsatz des Buches im Unterricht
- Hinweise zur Konzeption des Modells
- Ausführliche Darstellung der einzelnen Bausteine
- Zusatzmaterialien

Ein besonderes Merkmal der Unterrichtsmodelle ist die Praxisorientierung. Enthalten sind kopierfähige Arbeitsblätter, Vorschläge für Klassen- und Kursarbeiten, Tafelbilder, konkrete Arbeitsaufträge, Projektvorschläge. Handlungsorientierte Methoden sind in gleicher Weise berücksichtigt wie eher traditionelle Verfahren der Texterschließung und -bearbeitung.
Das Bausteinprinzip ermöglicht es dabei den Benutzern, Unterrichtsreihen in unterschiedlicher Weise und mit unterschiedlichen thematischen Akzentuierungen zu konzipieren: Auf diese Weise erleichtern die Modelle die Unterrichtsvorbereitung und tragen zu einer Entlastung der Benutzer bei.

Das vorliegende Modell bezieht sich auf folgende Textausgabe: Astrid Lindgren: Ronja Räubertochter. Hamburg: Oetinger Verlag, 1982.

Dieses Werk folgt der reformierten Rechtschreibung und Zeichensetzung. Ausnahmen bilden Texte, bei denen künstlerische, philologische oder lizenzrechtliche Gründe einer Änderung entgegenstehen.

Gedruckt auf umweltfreundlichem, chlorfrei gebleichtem Papier mit 50 % Altpapieranteil.

Umschlaggestaltung: Peter und Veronika Wypior

Printed in Germany. Gesamtherstellung: Ferdinand Schöningh.

Druck 5 4 3 2 1 Jahr 03 02 01 00 99

ISBN 3-506-22268-6

Ihr Leben in der Bärenhöhle würde hart werden, das wussten sie, doch das nahm ihnen nicht den Mut. Ronja erinnerte sich nicht einmal daran, dass sie in der Nacht traurig gewesen war. Sie beide waren satt und warm, der Morgen war so hell, und sie waren frei wie die Vögel. Erst jetzt schienen sie es ganz zu begreifen. Alles, was in der letzten Zeit schwer und bedrückend war, lag nun hinter ihnen, und sie nahmen sich vor, es zu vergessen, nie mehr daran zu denken.
„Ronja", sagte Birk, „begreifst du, dass wir frei sind? So frei, dass man vor Lachen platzen könnte?"
„Ja, und dies hier ist unser Reich", sagte Ronja. „Keiner kann es uns nehmen und uns daraus vertreiben."
(Ronja Räubertochter, Hamburg: Verlag Oetinger 1982, S. 148f.)

Astrid Lindgren: Ronja Räubertochter. Hamburg: Oetinger Verlag, 1982.

Die Hauptpersonen

Ronja:	Tochter des Räuberhauptmanns Mattis und seiner Frau Lovis. Sie wächst weit entfernt von jeder menschlichen Behausung in der Mattisburg und deren Umgebung auf. Als sie etwa elf Jahre alt ist, freiheitsliebend und daran gewöhnt, stundenlang alleine in den Wäldern um die Mattisburg herumzustreunen und den Gefahren zu trotzen, lernt sie Birk kennen.
Mattis:	Räuberhauptmann, entstammt einem Räubergeschlecht, das schon seit Urzeiten auf der Mattisburg hauste und von dort aus sein Unwesen trieb. Mattis ist ein Draufgänger und führt als Räuberhauptmann ein strenges Regiment. Er überfällt mit seiner Bande harmlose Reisende und lebt mit seinen Leuten von der Beute. Seine ärgsten Feinde sind die Borkaräuber. Ronja ist sein ganzer Stolz. Er möchte, dass sie seine Nachfolge antritt.
Lovis:	Mattis' Frau. Sie lässt ihren Mann als Räuberhauptmann seines Amtes walten. Aber was das Leben auf der Burg betrifft, da gibt sie den Ton an, und keiner wagt ihr zu widersprechen. Sie verteilt die Arbeit auf der Burg, sorgt für Essen und Ordnung, kann trösten und heilen.
Glatzen-Per:	Er ist der älteste der Räuber und kannte noch Mattis' Vater. Im Laufe seines Lebens sammelt er viele Erfahrungen, die ihn den Räuberberuf kritisch betrachten lassen. Er hilft Ronja dabei, sich von der Räuberwelt zu distanzieren.
Räuberbande des Mattis:	Hier handelt es sich um zwölf ungehobelte Männer, aber ihrem Hauptmann und seiner Frau sind sie ergeben. Ronja macht sie manchmal ein bisschen sanfter und rücksichtsvoller.
Birk:	Sohn des mit Mattis verfeindeten Räuberhauptmanns Borka und seiner Frau Undis; er ist mit Ronja gleichaltrig und freundet sich heimlich mit ihr an.
Borka:	Räuberhauptmann, Rivale des Mattis, streitet sich mit ihm und seiner Bande bei Raubüberfällen um das Diebesgut. Er bezieht zu Mattis' großem Ärger mit seinen Leuten den abgespaltenen Teil der Mattisburg.
Undis:	Borkas Frau. Man erfährt nicht viel von ihr. Aber dass Birk und Ronja sich mögen, erkennt sie sehr schnell.
Räuberbande des Borka:	Ebenfalls zwölf Halunken, ihrem Hauptmann ergeben und mit den Mattisleuten verfeindet.

Der Inhalt

In einer Gewitternacht wird Ronja Räubertochter auf der Mattisburg geboren. Ihre Mutter Lovis singt bei der Geburt. Der Vater bekämpft derweil die Wilddruden, die kreischend die Burg umkreisen. Das Unwetter nimmt bedrohliche Ausmaße an: Ein Blitz zerteilt die Mattisburg in zwei Teile. Aber das kann ihren Bewohnern nichts anhaben, sie sind außer sich vor Freude über Ronja, die Mattis ihnen voller Stolz gleich nach der Geburt zeigt. Er sieht in seiner Tochter den zukünftigen Räuberhauptmann, der die Tradition seiner Väter fortsetzen soll.

Ronja verlebt eine glückliche Kindheit. Sie wird von ihrem Vater geliebt und verwöhnt. Die Räuber spielen, tanzen und singen mit ihr, als wäre sie einer der ihren. Dass es sich bei ihnen und ihrem Hauptmann um Menschen handelt, die anderen Leid zufügen, erfährt Ronja erst nach und nach. Dieses Wissen bereitet ihr Kummer. Sie beschließt, später anders zu leben als ihr Vater.

Lovis erzieht Ronja ohne viel Worte. Sie macht sie mit den Gepflogenheiten und Bedürfnissen auf der Burg vertraut, pflegt sie, wenn sie krank ist, und singt ihr vor dem Einschlafen als Zeichen der Geborgenheit das Wolfslied.

Als Ronja dazu in der Lage ist, erlauben ihr die Eltern die Burg zu verlassen und draußen selbstständig Erfahrungen zu sammeln. Eines Tages begegnet ihr Birk, der Sohn des Borka, ärgster Feind ihres Vaters. Ronja erfährt, dass die Borkasippe den abgespaltenen Teil der Mattisburg bezogen hat und dort ein ärmliches Leben fristet. Anfängliches Misstrauen der Kinder weicht einer großen Zuneigung. Sie helfen sich in lebensbedrohenden Notlagen und widersetzen sich dem Verbot ihrer Väter, sich nicht mehr zu treffen. Sie verlassen ihre häusliche Umgebung, verbringen den Sommer gemeinsam in einer Bärenhöhle und genießen die Schönheit von Wald und Wasser. Sie bestehen Gefahren, die ihnen von Wilddruden, Nebelgeistern und Unterirdischen drohen, lernen für ihre Nahrung selbst zu sorgen und malen sich eine Zukunft jenseits der Räuberwelt aus. Ihre Tage sind erfüllt von Gleichklang und Glück.

Als Mattis versucht seine Tochter zurückzuholen, macht sie ihm klar, dass sie ohne Birk nicht mehr leben kann. Mattis und Borka müssen die Freundschaft ihrer Kinder billigen. Die beiden Räuberbanden schließen sich zusammen. Borka erkennt Mattis, dem er im Zweikampf unterlegen ist, als den Stärkeren an. Beide Väter finden sich damit ab, dass ihre Kinder die Räubertradition nicht fortsetzen werden.

Vorüberlegungen zum Einsatz des Buches im Unterricht

Ronja Räubertochter erschien 1981 auf Schwedisch, 1982 auf Deutsch. Das Buch macht mit dem Leben draufgängerischer Räuber bekannt und entwickelt zugleich die Utopie einer friedlichen Welt. Es findet bei jugendlichen und erwachsenen Lesern uneingeschränkte Zustimmung. Für seine Verbreitung sorgt auch der von Tage Danielsson 1984 fertig gestellte Film, für den Astrid Lindgren selbst das Drehbuch schrieb. Das Buch besticht nicht nur durch seine Thematik, sondern auch durch seine meisterliche ästhetische Gestaltung. Mit einer Fülle von Motiven und Bildern komponiert Astrid Lindgren ihren Märchenroman. Leserin und Leser merken auf, erkennen wieder, begreifen Zusammenhänge, werden in das Geschehen hineingezogen, genießen. Das Buch *Ronja Räubertochter* wird in der Grundschule häufig zum Vorlesen benutzt, in der Erprobungsstufe als Ganzschrift herangezogen. Seine Besprechung eignet sich im Blick auf Inhalt und Darstellungsweise auch für die Sekundarstufen, selbst wenn es sich hier um wiederholte Lektüre handelte; denn jetzt bestünde die Möglichkeit, die Wirkung des Buches im Nachhinein zu bedenken, nach Vorstellungen zu fragen, die dieses Buch bei der früheren Lektüre erweckte, danach zu fragen, wie diese Vorstellungen auf die Rezeption späterer Werke wirkt, die in einem intertextuellen Zusammenhang mit *Ronja Räubertochter* stehen.

Entsprechende Bearbeitungen für den Unterricht liegen bislang nicht vor. Der Märchenroman wird allerdings im Rahmen von Räubergeschichten berücksichtigt, hier weitgehend für die ausgehende Sekundarstufe I oder die Sekundarstufe II aufbereitet:

- ❒ 1. Schubert-Felmy, B.: Räubergeschichten: ein Leseweg. Von Lindgrens *Ronja Räubertochter* zu Schillers *Die Räuber.* In: Praxis Deutsch, Heft 147, 1997, S. 59ff.
- ❒ 2. Schubert-Felmy, B.: „Die Räuber“ und andere Räubergeschichten. In der Reihe: Einfach Deutsch, Hrsg.: J. Diekhans, Paderborn: Schöningh 1999. (Textausgabe: Best.-Nr. 22284-8, Unterrichtsmodell: Best.-Nr. 22283-X).

Die dem vorliegenden Unterrichtsvorschlag beigefügten Materialien 4, 8, 9, 10, 11, 16, 17 aus dem Bereich fiktionaler Literatur ermöglichen Übertragungen des Gelernten und Problematisierung im Rahmen intertextueller Vergleiche. Die Materialien 5, 14, 15 dienen der Reflexion über Sprache oder der Schulung im Bereich Schreiben. Die Materialien 1, 2, 3, 6, 7, 12, 13, 18 bündeln Textbefunde zu ausgewählten Aspekten oder bringen neue in das Gespräch ein.

Es empfiehlt sich, im Laufe der Reihe gelegentlich auf Tage Danielssons Film zurückzugreifen. Entsprechende Hinweise finden sich bei den einzelnen Bausteinen.

Als Klassenarbeit bieten sich je nach Alter und Aufsatzart etwa folgende Themen an:

1. Die Beschreibung eines der Bilder von Ilon Wikland, evtl. verbunden mit der Aufgabe, sich in das Bild hineinzubegeben und zu erzählen, was man erlebt.
2. Eine Erlebniserzählung: Ich habe mich verirrt und befinde mich plötzlich kurz vor der Mattisburg. Glatzen-Per spricht mich an .....

3. Die Interpretation einer ausgewählten Textstelle.
4. Die produktionsorientierte Aufgabe: Ronja erzählt Birk, der sie vor der Bärenhöhle erwartet, was ihr durch den Kopf ging, als sie im nächtlichen Wald zu ihm unterwegs war.
5. Die produktionsorientierte Aufgabe: Stell dir vor, du besuchtest Ronja und Birk in der Bärenhöhle und müsstest auf einem Reisigbett schlafen. Was erlebst du? Was geht dir durch den Kopf?
6. Analyse von Textauszügen der Friedensrede Astrid Lindgrens, evtl. verbunden mit der produktionsorientierten Aufgabe, die Rede fortzusetzen und sich dabei auf *Ronja Räubertochter* zu beziehen.

Konzeption des Unterrichtsmodells

Die Konzeption dieses Unterrichtsmodells basiert auf der Erfahrung, dass *Ronja Räubertochter* ein Buch ist, das sich für alle Altersstufen eignet. Infolgedessen enthalten die einzelnen Bausteine Anregungen für die Primarstufe, etwa für das vierte Schuljahr, und für die Sekundarstufen. Um der Lehrperson die Vorbereitung zu erleichtern, sind die für die jüngeren Schüler gedachten Unterrichtsphasen mit einem Sternchen gekennzeichnet. Das besagt allerdings nicht, dass nicht auch in ihnen Anregungen für Ältere zu finden sind. Ebenso breiten andere Lernschritte Überlegungen aus, die für Jüngere interessant sein können. (Für die Beratung bei didaktisch-methodischen Entscheidungen für die Primarstufe danke ich Frau Heilgard Kluth-Schubel.)

Der Titel des Romans ‚Ronja Räubertochter' deutet zwei thematische Schwerpunkte an. Er verweist auf die Räuberhandlung und auf das Mädchen Ronja, Tochter des Räuberhauptmanns, das einen Ablösungsprozess aus der Welt ihres Vaters vollzieht. Aus diesen beiden Schwerpunkten leiten sich weitere ab: die Freundschaft und Liebe zweier Kinder, die verfeindeten Familien entstammen, die Beziehung zwischen Mensch und Natur, eine Beziehung, die sich zum einen durch Bedrohung und Angst, zum anderen durch das Erlebnis der Freiheit auszeichnet, verdeutlicht durch naturmagische Wesen und Märchengestalten.

Der Roman eröffnet vielfältige Lesewege. Um sie zu gehen, ist zunächst eine gründliche Analyse und Interpretation des Werkes selbst nötig. Das geschieht mit Hilfe von Textarbeit und produktionsorientierten Verfahren. Es ist das didaktische Anliegen der Autorin dieses Modells, die Begegnung mit dem Text so zu intensivieren, dass sich die Lernenden in unterschiedlicher Weise auf ihn einlassen und „mit der Kraft der eigenen Imagination in der Dunkelkammer des Kopfes" Bilder hervorbringen (vgl. Müller-Michaels, H.: a.a.O., S. 7). Sie entwickeln lesend, analysierend und produzierend eigene Vorstellungen, indem sie auf vorhandene zurückgreifen und neue entwerfen. In der Korrespondenz mit dem Bildmaterial des Buches oder des Filmes können die inneren Bilder konkretisiert, angereichert oder auch korrigiert werden. „Ästhetische Wahrnehmung bedeutet Erinnerung und neues Sehen zugleich" (ebd.). Bei älteren Schülerinnen und Schülern kommt es ferner darauf an, thematisch verwandte Bilder, die einst durch die kindliche Vorstellung geprägt wurden, in das Bewusstsein und ins Gespräch zu bringen und mit denen zu vergleichen, die der Text oder verwandte Texte jetzt bei ihnen erzeugen. Die sichtbar werdende Differenz dient der Verarbeitung kindlicher Leseerfahrungen und eröffnet neue.

Die genannten Schwerpunkte machen dem Leser sehr verschiedene Zugehensweisen und Akzentuierungen möglich. Er kann den Roman als Räubergeschichte, als eine Variante des Romeo-und-Julia-Stoffes, als Darstellung einer Adoleszenz oder als Naturmärchen lesen. Zum Schwerpunkt Räubergeschichte ließe sich eine Reihe denken, wie sie in Praxis Deutsch oder im Unterrichtsmodell Räubergeschichten vorgestellt wurde.

Stellt man die Freundschaft zwischen Ronja und Birk in den Mittelpunkt der Betrachtung, sollte man, mindestens in Auszügen, Shakespeares Drama ‚Romeo und Julia' lesen oder eine entsprechende Verfilmung analysieren. Auf diese Weise kann begreiflich gemacht werden, dass Liebende sich wandelnden gesellschaftlichen Implikationen unterliegen und dass sie nicht im Niemandsland leben können, dass Liebe unter Umständen auch Schmerz, Verzweiflung und Untergang bedeuten kann.

Für den Schwerpunkt Adoleszenz oder Lösung vom Elternhaus böte sich ergänzend Salingers ‚Der Fänger im Roggen' an. Ziele einer solchen Reihe wären, unterschiedliche Prozesse der Ich-Findung kennen zu lernen und zu der eigenen in Beziehung zu setzen, zu begreifen, dass Ablösung nicht nur Protest bedeutet, sondern zugleich auch Verantwortung für das selbstbestimmte Handeln erfordert, dass also die Frage nach der Gültigkeit von Werten und Normen gestellt werden muss.

Will man die Bedeutung der Natur und naturmagischer Kräfte im Rahmen einer Unterrichtsreihe bedenken, empfehlen sich als weiterführende Texte Bücher von Tolkien oder naturmagische Balladen. Mit Hilfe einer solchen Reihe erhalten die Schülerinnen und Schüler Einblick in Mythen und Märchentraditionen. Sie begreifen, dass naturmagische Wesen Elementargewalten erklären sollen, denen sich der Mensch angstvoll ausgeliefert sieht, und dass sie das Verlangen spiegeln, die Umwelt zu beseelen. Die Wechselbeziehung zwischen Gefühl und seiner Projektion in ein visualisiertes Außen wird einsichtig gemacht.

Die Organisation des Leseprozesses hängt von der Vorkenntnis und der Altersstufe ab. Bei jüngeren Schülerinnen und Schülern ist Vorlesen, begleitendes Einlesen von Textauszügen und nachfolgende häusliche Lektüre (oder eine sukzessive Lektüre mit begleitender Interpretation) geeignet. Bei älteren ist die vorbereitende häusliche Lektüre vorzuziehen. Das schließt jedoch wiederholendes genaues Lesen bestimmter Textstellen nicht aus.

Die Lernenden werden aufgefordert für diese Einheit ein Heft anzulegen, in dem sie ihre Leseeindrücke festhalten und Arbeitsergebnisse notieren können.

Baustein 1 dient dazu, in die Romanhandlung einzuführen. Wichtige Personen und der Handlungsraum Mattisburg werden vorgestellt. Das geschieht in der Auseinandersetzung mit dem ersten Kapitel, entsprechenden Bildern und Filmausschnitten.

Im **Baustein 2** geht es um das Räuberwesen. Zunächst werden textimmanent Raubüberfälle, Räuber und Räuberhauptmann betrachtet. Das Kapitel „Frauen in der Welt der Räuber" weitet den Blick für historische Räuberinnen, zu denen Lovis einen Kontrast bildet. Ihre schützende Funktion wird mit dem Wolfslied veranschaulicht.

Der **Baustein 3** lenkt das Augenmerk auf die Schilderung der Natur, auf Ronjas und Birks Erfahrungen mit ihr. Sie umschließen auch den Umgang mit Tieren und naturmagischen Wesen. Nach textimmanenter Arbeit ermöglicht die Interpretation von thematisch verwandten Textausschnitten und Balladen eine vertiefende Auseinandersetzung mit Traditionen, in denen naturmagische Kräfte und Geister bedeutsam sind.

Mit dem Schwerpunkt Ronja und Birk, dem der **Baustein 4** gewidmet ist, werden die Schülerinnen und Schüler auf die Bedeutung von Liebe und Freundschaft, auf mögliche Krisen und ihre Überwindung aufmerksam gemacht. Mit Ronjas und Birks Lösung vom Elternhaus behandelt A. Lindgren ein Problem, das für die Heranwachsenden existentiell bedeutsam ist.

Baustein 5 akzentuiert die Botschaft des Friedens, die A. Lindgren mit diesem Roman verkündet und von der bereits in den anderen Bausteinen gelegentlich die Rede ist. Dazu dient ein Vergleich mit Shakespeares Drama *Romeo und Julia.* Die Schülerinnen und Schüler erhalten hier Gelegenheit über unterschiedliche Friedenswege nachzudenken. Abschließend wird A. Lindgrens Friedensrede, die sie bei der Preisverleihung durch den Deutschen Buchhandel hielt, zum Roman *Ronja Räubertochter* in Beziehung gesetzt.

Die thematischen Bausteine des Unterrichtsmodells

Baustein 1 Das Leben auf der Burg – Erfahrung der Geborgenheit

Ilon Wikland malte das wunderschöne, farbenprächtige Bild, das sich auf dem Buchdeckel des Märchenromans *Ronja Räubertochter* befindet. Es zeigt auf der Vorderseite Ronja mit Pfeil und Bogen. Sie bildet, umgeben vom satten Grün der Bäume, des Grases und bemooster Steine die Bildmitte. Ronjas Kopf ist nach oben gerichtet, als blickte sie zu den Vögeln hoch, die leicht über ihr auf den Zweigen der Bäume sitzen. Ihr Interesse gilt dem, was um sie herum geschieht. Im Hintergrund des Bildes erhebt sich die Mattisburg auf unwegsamem Felsen. Sie ist in hellerem Grün, Grau und Blau gemalt. Diese Farben fügen sich in die Umgebung ein; denn sie wiederholen sich im Graublau der Berge im Hintergrund, in der Farbe des Himmels und in den Blättern am oberen Bildrand. Die Burg ist unzerstört, schön und mächtig. Man erkennt an der Bildaufteilung, dass ihr eine besondere Bedeutung zukommen muss, dass die Burg und Ronja zusammengehören. Von Ronjas hinterem Fuß bis zur Turmspitze kann man sich eine schräge Linie denken; sie bildet die eine Seite eines Dreiecks. Die andere läuft von der Turmspitze gerade den Felsen hinunter. Die Füße Ronjas deuten die dritte Seite an. Die Bildaufteilung unterstreicht die enge Beziehung zwischen Ronja und Burg. Für den Kenner des Buches bezeugt das Bild den Zusammenhang von Geborgenheit und Aufbruch. Ronja, die mit elf Jahren stundenlang allein durch Wälder und Wiesen streift, Berg und Tal überquert, durch Flüsse und Weiher schwimmt, beobachtet, Gefahren besteht, ist dazu nur in der Lage, weil sie die Geborgenheit der Burg „im Rücken" hat. Von dort kommt sie her, dorthin will sie zurück. Sie wird erwartet, aber sie lässt sich nicht ablenken von dem, was gerade gegenwärtig ist. Ihr Kopf, Schultern und linker Arm ragen aus dem gedachten Dreieck heraus: Ronja wird ihre eigenen Wege gehen.

Betrachtet man Vorder- und Rückseite des Buches zusammen, dann liegt es nahe, einen Handlungszusammenhang zwischen den beiden Bildern herzustellen. Ronja ist unterwegs um sich mit einem anderen Kind (Birk) zu treffen, weil es mit ihm Pferde fangen möchte. Der Baum in der Bildmitte breitet seine Äste auf der einen Seite in Richtung Burg, auf der anderen in Richtung Pferde aus. Er ist eine zeitliche Scheide zwischen Ronjas Weg und ihrem Ziel. Der Ort ist das, was bleibt, er wirkt zeitlos; auch die Tiere, Vögel und Pferde, wirken trotz angezeigter Bewegung statisch; denn sie haben auf dem Bild ihren festen Platz. Die Menschen, hier Ronja, die auf dem Gesamtbild in unterschiedlichen Situationen zu sehen ist, bewegen und verändern sich, sie ‚erfahren' ihre Umgebung, die Natur.

1.1 ❐ Annäherung an das Buch und die Hauptperson*

Den Lernenden wird zunächst Gelegenheit gegeben, sich das Bild auf dem Buchdeckel genau anzusehen und sich über die Eindrücke, die es vermittelt, auszutauschen. Danach werden sie aufgefordert – selbst wenn sie den Inhalt schon kennen –, sich mit Hilfe des Bildes auszumalen, wovon das Buch handeln könnte. Der Sinn dieses kreativen Umgangs mit dem Bild liegt darin, Vorstellungen mit ähnlichem Inhalt zu reaktivieren, zur genauen Beobachtung anzuhalten und für die Atmosphäre zu sensibilisieren. Auf diese Weise werden die Lernenden offen für die Erfahrungen, die sie mit dem Buch machen werden. Um noch näher an das Geschehen heranzukommen, besteht die Möglichkeit, dass die Schülerinnen und Schüler sich ausmalen, sie träfen das Mädchen auf dem Bild. Sie könnten sich überlegen, welche Fragen sie an sie richten wollen.

Folgende Arbeitsaufträge bieten sich an:

❐ *1. Beschreibt genau, was ihr auf dem Bild seht.*
❐ *2. Malt euch aus, wovon dieses Buch handelt.*
❐ *3. Stellt euch vor, ihr träft dieses Mädchen, was würdet ihr sie fragen?*

1.2 ❐ Ronjas Geburt

1.2.1 Vorstellung der Atmosphäre*

Die Nacht, in der Ronja geboren wird, ist keine gewöhnliche: „[...] als Ronja geboren wurde, rollte der Donner über die Berge, ja, es war eine Gewitternacht, dass sich selbst alle Unholde, die im Mattiswald hausten, erschrocken in ihre Höhlen und Schlupfwinkel verkrochen." Es ist, als geriete die Natur in Aufruhr, um das besondere Ereignis anzuzeigen. Eindrücklich wird die Dichotomie von draußen und drinnen beschrieben. Draußen ist es unheimlich, finster und laut. Das zeigen entsprechende Isotopien an: Man sieht die „Unholde" im undurchdringlichen finsteren Mattiswald, erlebt ihr Erschrecken, nimmt wahr, wie sie sich in „Höhlen und Schlupfwinkel" verkriechen (sie „hausen" dort, das deutet auf ihr Unwesen hin!); man fühlt mit Lovis und Mattis, wie beängstigend und störend das wilde Treiben draußen ist und dass es der Anstrengung bedarf, das Drinnen vor dem Draußen zu schützen („Scheuch diese Grausedruden weg..!" „‚Trollt euch, ihr Wilddruden!', brüllte er!" Mattis „bändigte" die wilde Schar, „so gut er es vermochte"), man hört das Rollen des Donners, das „Geheul und Gekreisch" der wilden Geistervögel, ihr wütendes „Hoho", ihr Hohnlachen.

Drinnen ist es still, heiter. Der Raum ist erfüllt von Lovis' Gesang. Auf der ersten Seite des Buches ist in der Mitte nur in wenigen Sätzen von Lovis und der Geburt die Rede. Ein Vorgang, mit dem man Mühsal und Schmerz verbindet, wird hier als selbstverständlich und leicht hingestellt. Gefährdet wird er durch das unheimliche Draußen, von dem am Anfang und im nachfolgenden Text die Rede ist, sodass es wie ein Bedingungsgefüge dieser Geburt erscheint. Lovis strahlt Ruhe aus. Zweimal ist davon die Rede, dass sie dort lag („Das störte Lovis, die dort lag", „Während Lovis dort lag"). Die Natur ist in höchster Bewegung, gerät gleichsam aus den Fugen, aber Lovis verharrt, ist ganz bei sich selbst und denkt daran, dass ihr Kind „von heiterer Natur“ sein wird, wenn es bei Gesang zur Welt kommt. Ihr Gesang bildet den Gegensatz zu dem Geschrei und Geheul der Druden und dem Brüllen ihres aufgeregten Mannes. Viermal wird Lovis' Singen erwähnt – Ausdruck dafür, dass es sich bei ihrem Gesang ebenso wie beim Gebären (von Geburt ist auf den ersten eineinhalb Seiten in unterschiedlicher Begrifflichkeit neunmal die Rede) um einen Vorgang von bedeutungsvoller Dauer handelt. Vivi Edström interpretiert diesen Gesang als ein „Gegenfeuer“, das entfacht wird, damit „das Kind aus der Gewitternacht nicht zu einer Wilddrude wird“ (a.a.O. S. 297).

Damit die Schülerinnen und Schüler in die dichte Atmosphäre des Romananfangs eintauchen können, sollte die Lehrperson die ersten Seiten nach entsprechender Ankündigung langsam und ruhig, vielleicht sogar zweimal vorlesen und etwa folgenden Arbeits- und Schreibauftrag geben (jüngere Schülerinnen und Schüler arbeiten hier nur mündlich, weil die schriftliche Beschreibung des mit dem inneren Auge Gesehenen zu viel Zeit kostet):

❒ *„Konzentriert euch ganz auf den Text, achtet darauf, was ihr vor eurem inneren Auge seht und was ihr hört. Wenn ich mit dem Lesen aufhöre, redet bitte nicht mit eurem Nachbarn, sondern beschreibt, was ihr gesehen und gehört habt. Ich gebe euch dafür genügend Zeit. Anschließend werden wir die Ergebnisse austauschen und über sie reden.“*

Beim Austausch der Ergebnisse werden einige der Lernenden aufgefordert ihre Beobachtungen am Text festzumachen, beziehungsweise, falls das möglich ist, zu erklären, wie sie zu ihren Vorstellungen kamen. (Bei manchen, die den Film gesehen haben, wurden vielleicht entsprechende Bilder übernommen; das sollte bewusst gemacht werden!) Diese Rückbesinnung ist eine Form der Textanalyse, die motiviert anstatt zu langweilen.

1.2.2 Untersuchung des Romananfangs nach Isotopien des Beängstigenden, Dunklen und des Freundlichen, Hellen (* mit Einschränkungen)

Um die Aufmerksamkeit auf die besondere Wortwahl und ihre Wirkungen zu lenken, werden die Schülerinnen und Schüler aufgefordert, mit unterschiedlichen Farbstiften die Ausdrücke und Wörter zu unterstreichen (oder herauszuschreiben), die die Vorstellungen vom Bedrohlichen und Erfreulichen hervorrufen. Je nach Alterstufe besteht Gelegenheit, diese Textarbeit mit der Frage nach den jeweiligen Wortarten oder sogar mit der nach rhetorischen Mitteln zu verbinden. Die Ergebnisse können durch ein Tafelbild gesichert und danach noch einmal zusammenhängend vorgelesen werden. Auf diese Weise wird der Unterschied zwischen Aufruhr und Frieden akustisch sinnfällig. Viele dunkle Vokale, Assonanzen, Doppelkonsonanten auf der linken, weichere Konsonanten, mildere, hellere Klänge auf der rechten Seite.

❒ *Unterstreicht auf den Seiten 5 bis 6 oben („Baumwipfel davor“) mit verschiedenen Farben die Wörter und Ausdrücke im Text, die eurer Ansicht nach Angst hervorrufen oder unangenehm klingen, und ebenso die, die Erfreuliches zum Ausdruck bringen, heiter wirken.*
(Für jüngere Schülerinnen und Schüler kann die Aufgabe je nach Leistungsstand auf die Bearbeitung des Bedrohlichen beschränkt werden.)

Wörter und Redewendungen, die die Stimmung bei Ronjas Geburt zum Ausdruck bringen

Bedrohlich, laut	**Heiter, still, ausgeglichen**
– rollte der Donner über die Berge – Unholde, die im Mattiswald hausten	– die dort lag, um ein Kind zu gebären
– erschrocken in ihre Höhlen und Schlupfwinkel verkrochen – flogen mit Geheul und Gekreisch	– „damit es hier still ist, sonst höre ich nicht, was ich singe“
– „Scheuch diese Grausedruden weg!“ – schoss ein paar Pfeile durch die Schießscharte	– Lovis sang, als sie ihr Kind gebar – es gehe dann leichter
– „Trollt euch, ihr Wilddruden!“, brüllte er.	– das Kind von heiterer Natur
– „Hoho“ ... heulten die Wilddruden	– wenn es bei Gesang zur Welt kam
Viele dunkle Vokale, Assonanzen, Doppelkonsonanten	Hellere Vokale, das ‚ei‘ zweimal. Weichere Konsonanten

Die Lektüre des ersten Kapitels wird nun abgeschlossen.

1.3 ❐ Kennzeichnung der Personen, die Ronja während der ersten Lebensjahre auf der Burg prägen

(* mit Einschränkungen)

Mit dem Mittel der Zeitraffung schildert der Erzähler die ersten Lebensjahre Ronjas auf der Burg. Umgeben von liebevollen Eltern und einer Schar ungehobelter, aber ihr freundlich zugewandter Räuber sammelt Ronja die Erfahrungen, die es ihr ermöglichen, später außerhalb der Burg zu überleben. Sie erfährt die bedingungslose Zuwendung ihrer Eltern „in ihrer männlich eifersüchtigen und in ihrer mütterlich umhüllenden Form“ (A. K. Ulrich, a.a.O.). Mattis begegnet ihr als „der dröhnend-laute Bärenstarke, der erst mühselig lernen muss, sein Kind, das er mit einer Mischung aus unbefragtem Besitzanspruch und grenzenloser Zärtlichkeit liebt, freizugeben“ (G. U. Becker, a.a.O., S. 127). Lovis macht Ronja mit alltäglichen Verrichtungen vertraut, wird ihr mit gelassener Lebenseinstellung gegenüber Krankheit und Tod zum Vorbild, singt ihr im abendlichen Ritual das Wolfslied, Zeichen ihrer Nähe, Zeichen gebannter Gefahr.

Ronja erfährt in der Begegnung mit Glatzen-Per, dass alte Menschen weise sein können und hellsichtiger, was die Beurteilung der Tradition und der Zukunft betrifft. Sie erlebt Nachklänge der Raubüberfälle in der Burg beim Schmausen, Singen und Tanzen. Sie hört die deftige Räubersprache. Man versucht zwar, sie mit der Wahrheit über die Raubzüge zu verschonen, aber das Lebensgefühl der Räuber, das sich in ihrer Sprache, vor allem in der wortstarken Verachtung der Borkasippe manifestiert, prägt sie. Es prägt auch ihre erste Begegnung mit Birk.

Den Schülerinnen und Schülern wird im Anschluss an die vollständige Lektüre des ersten Kapitels zunächst Gelegenheit gegeben, ihre Leseeindrücke auszutauschen. Danach werden sie aufgefordert, das Verhalten des Vaters und der Mutter Ronja gegenüber textnah zu beschreiben.

❑ *Schaut noch einmal in den Text und nennt Stellen, die das Verhältnis zwischen Mattis und Ronja sowie zwischen Lovis und Ronja beleuchten.*

Um das Augenmerk auf die außergewöhnliche Freude des Vaters bei Ronjas Geburt zu lenken, kann schon mit Grundschülerinnen und Grundschülern der Versuch gewagt werden, spielerisch umzusetzen, wie er „mit hohen Jubelsprüngen" in die große Halle stürzt und die Geburt Ronjas bezeugt. Auch wenn das bei den Schülerinnen und Schülern Gelächter bewirkt, ist die spielerische Umsetzung ergiebig; denn es ist ja zum Lachen, wie ein gestandener Räuberhauptmann bei der Geburt eines Kindes außer sich gerät. Eine ähnliche Umsetzung ist möglich bei der Stelle, die anzeigt, dass er regungslos verharrt, das Kind anschaut und vor Liebe „erschauert". Hier scheint es geraten, den Vater pantomimisch darzustellen und den Text dazu begleitend lesen zu lassen.

❑ 1. *Versucht euch vorzustellen, wie der Vater nach Ronjas Geburt aufgeregt in die Halle stürzt und die große Neuigkeit verkündet. Spielt es nach.*

❑ 2. *Bringt zum Ausdruck, wie der Vater das Kind auf seinem Arm betrachtet. Das sollten zwei Personen versuchen. Die eine stellt den Vater pantomimisch dar, die andere liest den dazugehörigen Text auf Seite 7: „Aber Mattis wollte sich noch nicht ..." bis: „Ich begreife es nicht, aber es ist so."* (Diese Aufgabe ist für die Grundschule vielleicht zu schwer.)

Im Anschluss daran wird mit Hilfe eines Unterrichtsgesprächs erarbeitet, wie die Räuber auf Ronja reagieren (dass sie Mattis' Freude teilen müssen, um ihn nicht zu verstimmen (S. 10), dass sie wie er ein wenig närrisch gegenüber dem Kind werden und sich sogar um ein bisschen Anstand bemühen (S. 13), dass sie mit ihrem Hauptmann eher von den Raubzügen zurückkehren und beobachten, wie er sein Kind füttert und sich von ihm mit Brei beschmieren lässt (S. 14), dass Glatzen-Per eine besonders enge Beziehung zu dem Kind herstellt (S. 8f.) und wie Ronja in der Welt der Räuber aufwächst).

❑ *Nicht nur für den Räuberhauptmann bringt Ronjas Geburt Veränderungen, auch für die Räuber. Weist am ersten Kapitel nach, was sich ändert. Vergleicht Ronjas erste Kinderjahre mit den bei uns üblichen.*

1.4 ❑ Die Mattisburg*

Ronja wächst weit ab von jeder Behausung auf einer verfallenen, hoch auf einem Berg gelegenen Burg auf. Sie, vor allem die große Halle, in der sie schläft und unter dem Tisch mit Tannenzapfen und Steinchen spielt (S. 15), ist ihre Welt, wie sie zunächst meint, „die ganze Welt" (ebd.).

Mit der Burg begann für A. Lindgren der Räuberroman. „Ronja ist entstanden, weil ich selbst in einer Stadt lebe und Sehnsucht nach der Wildnis habe. Ich sehne mich nach dem Wald – aber ich kann dort nicht sein. Und dann kommt die Fantasie. Es fing damit an, dass ich einen Berg sah und hoch oben darauf eine Räuberburg, und die war genau in der Mitte gespalten. Was mögen da für Menschen wohnen? dachte ich. Natürlich eine Räuberfamilie, die eine Tochter hat, und eine zweite Räuberfamilie, die einen Sohn hat. Also ähnlich wie bei Romeo und Julia." (K. Ljunggren, a.a.O, S. 83.) Die felsige, zerklüftete Welt repräsentiert das Raue, Archaische, Unwegsame, das für die Welt der Räuber steht. Glatzen-Per, der sein ganzes Leben in der sich seit Generationen in der Hand der Mattisräuber befindenden Burg verbracht hatte, verirrte sich trotzdem einmal vier Tage lang in „Irrgärten und Kellerhöhlen" (S. 12). Aber Ronja kennt trotz ihrer Jugend erstaunlicherweise jede Ecke, jeden Winkel der Burg. „Sie fand sich in allen öden Sälen zurecht, wo außer ihr niemand je einen Fuß hinsetzte, und sie verirrte sich nicht in den vielen unterirdischen Gängen und Kellergewölben. Die geheimen Gänge der Burg [...] kannte sie alle" (S. 26). Schon gleich nach ihrer Geburt, als Lovis das Ausmaß der Zerstörung an der Burg betrachtet, stellt sie fest: „Ronja, dein Kinderleben beginnt großartig" (S. 12). Das Großartige kann man darin sehen, dass mit Ronja eine neue Zeit anbricht. Sie erforscht und durchdringt die Welt der Räuber, nimmt ihr das Geheimnis. Das beginnt mit der Erkundung der Burg, setzt sich fort in ihren Fragen nach der Herkunft der Beute und gipfelt in der Überwindung des Höllenschlundes, als Bedingung der Freundschaft mit Birk, mit dem sie schließlich den Bereich der Burg und damit die Räuberwelt verlassen wird.

Ilon Wikland illustriert die Burg auf unterschiedlichen Bildern. Auf den Seiten 2 und 3 (sowie auf den Seiten 238 und 239) entspricht sie unzerstört in etwa dem farbigen Bild des Buchdeckels. Hier ist sie harmonisch in die zerklüftete Landschaft eingefügt.

Auf den Seiten 2 und 3 wird die Burg von vorn gezeigt. Sie bildet die Bildmitte, ragt hoch bis in den Himmel, verlängert sich in Felsen und Steinen bis fast an den vorderen Bildrand. Das erweckt den Eindruck von großer Höhe und Tiefe. Die waldreiche Umgebung mit Wasserfällen am Fuße der vielen Felsen und Klippen, die zahlreichen Berge im Hinter- und die Wildpferde im Vordergrund wirken urwüchsig und vielleicht auch bedrohlich. Dass hier Menschen zu Hause sind, verdeutlichen neben der Burg wenige schmale Stege. Im Zustand der Zerstörung (S. 34 und 35) sieht man die Burg von der Seite. Sie ist so gezeichnet, dass der Blick auf den tiefen, hier weiß gezeichneten Höllenschlund fällt, der das Dunkel der Burghälften unterbricht, in dessen Tiefe Klippen und Geröll drohen, an dessem Rand Ronja und Birk sich gegenüberstehen. Der Turm wird hier vom Bildrand abgeschnitten; deshalb wirkt die Burg auf diesem Bild insgesamt etwas gedrungener. Aber die angedeutete Tiefe auf der rechten Seite, der Borkaseite, lässt dennoch ihre Ausmaße ahnen. Die linke, die Mattisseite, wird durch eine heimkehrende Räuberschar bestimmt. Sie wirkt zugänglicher.

Die Bedeutung der Mattisburg sollte mit Hilfe zweier Arbeitsschritte erkannt werden:

Erster Schritt: Textarbeit

Die Schülerinnen und Schüler werden zunächst aufgefordert das, was sie über die Burg und ihre Bedeutung wissen, auszubreiten. Danach werden Textstellen herangezogen, die über die Größe der Burg, ihre Lage, ihre Zerstörung und deren Bedeutung Auskunft geben (vgl. S. 11 f., S. 26 f., S. 31 f., S. 48 f., S. 50 f., S. 67 f., S. 86 ff.). Die Lehrperson akzentuiert die Aussagen (in der Grundschule mit Hilfe eines Tafelanschriebs) und ergänzt sie mit den Hinweisen, dass es auch in Deutschland viele alte Burgen gibt, in denen früher Ritter wohnten, später auch manchmal Raubritter, ähnlich wie es im Roman steht (vgl. S. 51, S. 86), und dass die Burg für Astrid Lindgren im Entstehungsprozess der *Ronja Räubertochter* eine besondere Rolle spielte.

Die Mattisburg

- Die Mattisburg ist uralt.
- Sie liegt verborgen auf Felsen in einsamen Wäldern und gilt als uneinnehmbar.
- Seit langer Zeit wird sie von Räubern bewohnt. Früher gehörte sie Edelleuten.
- Sie ist so groß, dass man sich in ihr verirren kann, auch wenn man schon lange in ihr wohnt.
- In ihren unterirdischen Gewölben befinden sich Verliese, in denen früher Gefangene untergebracht wurden.
- Bei Ronjas Geburt zerbirst die Burg in zwei Teile. Ein tiefer Schlund trennt sie.

Zweiter Schritt: Beschreibung der Bilder

Das folgende Arbeitsblatt leitet zu einer sehr genauen Betrachtung und Beschreibung der Bilder an (im Zeitalter der Bilderflut steht ein solcher Umgang mit Bildern auch im Dienste der Medienerziehung). Das Arbeitsblatt enthält Aufgabenstellungen, aus denen die Lehrperson auswählen kann. In der Grundschule erfolgt die Beschreibung weitgehend im Unterrichtsgespräch.

Beschreibung der Bilder, auf denen die Burg abgebildet ist

Die Burg spielt für die Romanhandlung eine große Rolle. Ilon Wikland stellt sie auf unterschiedliche Weise dar, einmal auf den Seiten 2 und 3 (sowie 238 und 239), zum andern auf den Seiten 34 und 35. Ihr sollt eure Augen nicht nur flüchtig auf die Bilder richten und dann weiter blättern, sondern euch überlegen, was die Bilder zum Verständnis des Romans beitragen. Dazu dienen die folgenden Aufgaben.
Beantwortet die Fragen zunächst stichwortartig auf dem Arbeitsblatt und dann im Heft, jeweils in einem zusammenhängenden Text.

1. *Betrachtet die Bilder genau und zunächst jeder für sich! Worauf wird das Auge des Betrachters gelenkt? Was fällt zuerst auf? Welches sind die ersten Eindrücke?*

Nach gründlichem Betrachten könnt ihr die folgenden Aufgaben mit eurem Nachbarn lösen.

2. *Beschreibt Größe und Lage der Burg. Mit welchen Mitteln wird der Eindruck großer Tiefe, mit welchen der Eindruck großer Höhe erreicht?*

3. *Wie ist die Umgebung der Burg angeordnet?*

4. *Ilon Wikland benutzt nur Schwarz-weiß-Töne. Beachtet die Stellen auf den Bildern, die besonders dunkel sind, und die, die ganz weiß sind. Was wird mit ihnen zum Ausdruck gebracht?*

5. *Beschreibt die unterschiedliche Schraffierung. Wozu dient sie?*

6. *Auch wenn ihr das Buch noch nicht ganz gelesen habt, könnt ihr mit Hilfe der Bilder bestimmt erklären, warum die Burg für die Handlung des Romans wichtig ist.*

7. *Gefallen euch die Bilder? Begründet eure Meinung.*

1.5 ❐ Ein Besuch auf der Burg*

Die Schülerinnen und Schüler sind nach den bisherigen Lernschritten mit den Hauptpersonen und einem wichtigen Schauplatz der Romanhandlung, nämlich der Burg, vertraut. Sie konnten eigene Vorstellungen entwickeln, sich identifizieren oder distanzieren. Ehe ihnen am Ende dieser Einheit Filmausschnitte gezeigt werden, die, sofern sie den Film nicht schon einmal früher sahen, ihre inneren Bilder maßgeblich beeinflussen werden, könnte ihnen Gelegenheit gegeben werden ihren imaginären Raum zu erweltern. Sie werden aufgefordert sich einen Besuch auf der Burg auszumalen, sich dabei Ronja zu nähern oder einer anderen Person, Fragen zu stellen, sich die Burg zeigen zu lassen, vielleicht sogar ein, zwei Tage dort zu bleiben und dann wieder in ihre gewohnte Umgebung zurückzukehren und zu Hause oder bei Freunden zu erzählen, was sie erlebt haben. Ihrer Fantasie sind keine Grenzen gesetzt außer denen, die die Einleitung der Lehrperson und das Buch vorgeben. Die ausgedachte Geschichte muss zum Buch passen. Auf diese Weise setzen die Lernenden ihr Wissen über den Roman zugleich um.

Erzählaufgabe (in der Grundschule mündlich zu lösen, sonst auch als Arbeitsthema geeignet): Stellt euch vor, ihr befindet euch auf einem Ausflug in einem waldreichen felsigen Gebirge. Es macht euch Spaß die Gegend zu erkunden, überall herumzukraxeln, Walderdbeeren oder Himbeeren zu pflücken. Ihr fühlt euch frei und glücklich. Eure Eltern lassen euch mit vielen Ermahnungen ziehen, allein oder zu zweit. Eines Tages passiert es: Ihr habt euch verlaufen. Auf der Suche nach dem richtigen Weg geht ihr genau in die falsche Richtung. Die Felsen werden immer höher, die Pfade immer steiler. Ihr seid schon völlig außer Atem und den Tränen nahe, als ihr plötzlich am Fuße einer alten Burg steht. Voller Erstaunen und Neugier vergesst ihr euer Ungemach und beschließt, die Burg zu besichtigen. Aber da habt ihr die Rechnung ohne den Wirt gemacht; denn kaum habt ihr die Schlucht, die zur Burg führt, betreten, stellt sich euch ein Mann in den Weg, ein alter, zotteliger Mann in abgerissener Kleidung und mit spiegelglatter Glatze. Zuerst seid ihr sehr erschrocken, aber dann merkt ihr, dass dieser Mann etwas Freundliches in seinem Gesicht hat, und ihr sprecht ihn an .....

- ❐ *Erzählt die Geschichte schriftlich weiter. Vielleicht erlaubt man euch, da ihr Kinder seid, die Burg zu besichtigen, vielleicht trefft ihr Ronja ... Auf jeden Fall kommt ihr am Ende der Geschichte wieder zu euren Eltern zurück; denn wir lieben einfach Geschichten mit glücklichem Ausgang.*

1.6 ❐ Vergleich des Romananfangs mit dem Filmbeginn*

Astrid Lindgren schrieb das Drehbuch zu dem Film *Ronja Räubertochter* selbst. Begleitend zum Film verfasste der Regisseur Tage Danielsson ein Buch, in dem er Auskunft gibt über die Rollenbesetzung, die Dreharbeiten, die Trickaufnahmen, die Kostümierung, den Einsatz der Fantasiegestalten. Neun- bis Zwölfjährige können mancherlei von dem verstehen, was Tage Danielson beschreibt. Von daher liegt es nahe, sein Buch als Grundlage für einen kleinen informativen Vortrag zur Erbauung und zur Aufnahme der Burg zu benutzen (vgl. Zusatzmaterial 2). Aber auch die Lehrperson könnte, nachdem der Filmanfang gezeigt und mit dem Romananfang verglichen wurde, etwas über die Trickaufnahme der Burg berichten. Es scheint geraten, den Filmanfang zweimal zu zeigen. Nach der ersten Ansicht besteht Gelegenheit zum Austausch der Eindrücke, zum ersten Aufweis der Unterschiede und Gemeinsamkeiten. Zum Beispiel wird die Gewitternacht zu Beginn des Buches nur kurz erwähnt. Im Film wird man mit der Atmosphäre vertraut gemacht. Man hört die Räuber singen, sieht sie heimreiten, erlebt mit, wie das Gewitter naht und die Tiere unruhig werden, erschrickt beim lautstarken ersten Donner. Im Buch wird die Burg zunächst nicht näher beschrieben, während sie im Film in der Totale gezeigt wird. Beim Gespräch zwischen Lovis und Mattis werden im Buch weder Gesten noch Berührungen erwähnt. Im Film wird deutlich, wie besorgt der Räuberhauptmann Mattis mit seiner Frau umgeht.

Der zweite Durchgang wird, dem Alter der Lerngruppen entsprechend, mit Beobachtungsaufgaben, die arbeitsteilig zu vergeben sind, verbunden. Die Schülerinnen und Schüler werden aufgefordert, auf Klänge, Geräusche und Musik zu achten und ihre Wirkung zu bedenken. Ferner wird ihr Augenmerk auf die Einstellungsgrößen gerichtet. Sie sollen Schnitte wahrnehmen und ihre Wirkung bedenken. Und schließlich erhalten sie die Aufgabe, Gedanken der Personen zu fixieren, weil man im Film nur sehr schwer darstellen kann, was Menschen durch den Kopf geht (vgl. Matthias, D., a.a.O.)
Für die Filmanalyse erhalten die Lernenden ein Arbeitsblatt. Die Arbeitsaufgabe für den ersten Filmdurchgang lautet:

- ❒ *Ihr werdet den Filmbeginn zweimal sehen können. Beim ersten Mal achtet vor allem auf Gemeinsamkeiten und Unterschiede zwischen Buch und Film.*

Die Ergebnisse können mit einer Tafelskizze oder auf Folie gesichert werden.
Arbeitsauftrag für den zweiten Filmdurchgang:

- ❒ *Vgl. das Arbeitsblatt zur Filmanalyse. Die Verteilung der Aufgaben erfolgt durch die Lehrperson.*

Im Zusammenhang mit der Lösung der Aufgabe 2 des Arbeitsblattes ist ein Kurzreferat über den Burgbau für den Film zu empfehlen (Zusatzmaterial 2).

Romananfang – Filmanfang: ein Vergleich

	Buch	Film
Das Gewitter	Die Stärke des Gewitters wird durch die Auswirkungen auf Unholde und Druden verdeutlicht.	Der Zuschauer wird langsam mit der Atmosphäre vertraut gemacht. Er hört die Räuber singen, verfolgt, wie sie heimreiten, erlebt mit, wie die Tiere unruhig werden und das Unwetter ausbricht. Er sieht Blitze und Feuer. Er vernimmt laute Donnerschläge.
Die Burg	Räuberburg und Schießscharten werden erwähnt.	Man sieht die Burg zunächst in der Totale, danach in Ausschnitten.
Das Gespräch zwischen Mattis und Lovis	Mattis und Lovis reden miteinander. Aber der Leser erfährt nicht, wie sie miteinander umgehen.	Es wird deutlich, wie besorgt und zärtlich der Räuberhauptmann ist. Auch seine Aufregung über die Geburt des Kindes kommt zum Ausdruck.

Filmanalyse

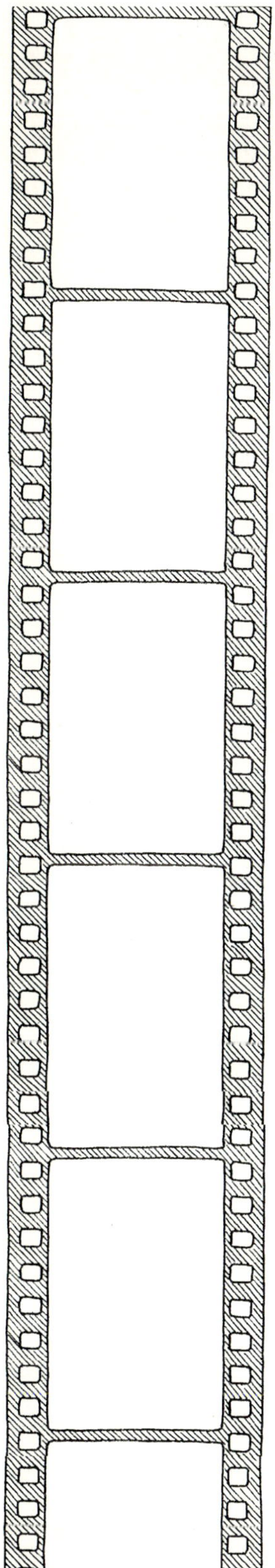

Wenn man in der Schule Bücher liest, redet man darüber, was einem am Inhalt gefällt, und man redet auch darüber, wie der Schriftsteller oder Dichter die Bücher gemacht hat, zum Beispiel, welche Wörter er verwendet, ob sie zur Handlung passen, ob Personen genau beschrieben werden, mit welchen Mitteln die Spannung gesteigert wird und vieles mehr. Wie Filme gemacht werden, darüber redet man selten. Dieses Arbeitsblatt soll dazu helfen, über diese Frage im Blick auf den Filmanfang nachzudenken.

Aufgabe 1: Filmmusik, Geräusche und Klänge dienen dazu, die Handlung zu ‚untermalen'; sie haben eine starke Wirkung auf den Zuschauer. Schreibt auf, welche Musik, welche Geräusche und Klänge ihr hört und wie sie auf euch wirken.

Aufgabe 2: Um den Blick auf eine Person, eine Landschaft oder auch nur auf ein Möbelstück zu lenken, wählen der Regisseur und mit ihm der Kameramann unterschiedliche Einstellungsgrößen. Sie zeigen zum Beispiel eine große Landschaft – die *Totale* – oder sie zeigen nur Ausschnitte, einen Menschen von Kopf bis Fuß – die *Halbtotale* – oder einen noch kleineren Ausschnitt, indem sie das Gesicht in *Großaufnahme* filmen. Schreibt auf, welche Einstellungsgrößen ihr beobachtet habt und wie sie auf euch wirken.

Aufgabe 3: Der Zuschauer merkt meistens gar nicht, wie oft die Szenen in einem Film wechseln. Eben fiel der Blick noch auf eine Landschaft, schon befindet man sich im Zimmer. Gerade sah man noch Tiere, Wolken und Blitze, da fällt der Blick auf ein Gesicht. Man nennt diesen Wechsel von einer Bildeinheit zur nächsten „Schnitt". Schreibt auf, welche Schnitte ihr feststellen könnt. Wenn die Handlung spannend wird, gibt es oft viele Schnitte. Ist das hier auch der Fall?

Aufgabe 4: Man sieht im Film, was geschieht, man hört, was gesprochen wird. Aber man erfährt nicht, was den Personen durch den Kopf geht. Im Buch werden Gedanken beschrieben. Im Film muss man sich das dazudenken. Schreibt auf, was Mattis durch den Kopf geht, als er die Druden beschießt! Schreibt auf, was Lovis durch den Kopf geht, als sie singt.

Bau- 2 stein

Das Räuberwesen

(vgl. Zusatzmaterial 3)

2.1 ❒ Die Raubüberfälle
(* in Ansätzen)

Mit dem Leben und Treiben der draufgängerischen Räuber macht A. Lindgren die Leser erst allmählich bekannt. Im ersten Kapitel, das sich Ronjas Leben in der Burg widmet, wird die lang anhaltende Feindschaft zwischen den zwei Räuberbanden, den Mattis- und den Borkaräubern, aus der Perspektive des allwissenden Erzählers beleuchtet. Ein Zitat lenkt das Augenmerk auf das Unheil, das Überfallenen droht: „‚Gott steh dem bei, der durch die Räuberschlucht muss', pflegten die Leute zu sagen ..." (S. 15). Alles andere erfährt man im weiteren Handlungsverlauf sozusagen zusammen mit Ronja. Das, was die heranwachsende Ronja über die Räubereien erfragt, wird zur Information für den Rezipienten (S. 26, S. 28, S. 62 ff., S. 99 f., S. 115 f.). Je größer Ronja wird und je genauer sie beobachtet, je reichlicher sie Erkundigungen einzieht und je heftiger sie mit Abscheu reagiert, desto deutlicher werden die Räubereien, aber ihr Hergang bleibt allgemein. Mit dem Mittel der Zeitraffung werden die Vorgänge gebündelt. Mehrfach wird nur die Beute erwähnt, die Überfälle sind Randgeschehen (S. 26, S. 99). Vom Raubüberfall, bei dem ein Borkaräuber einen Mattisräuber verletzt (S. 115 f.), werden im Buch keine Einzelheiten erwähnt. Im Film allerdings wird diese Passage ausgestaltet. Tage Danielsson zeigt eine Gruppe Adliger, die mit Pferden in Begleitung von Musikanten durch einen Wald zieht und überfallen wird. Das Hauptaugenmerk gilt der Dame, die ihr Erschrecken mit starren, weit aufgerissenen Augen und einem anhaltenden schrillen Schrei zum Ausdruck bringt. Man hört ihn auch, wenn sie nicht zu sehen ist. Erst als Mattis sich ihr nähert und ihr die Hand küsst, verstummt der Schrei vorübergehend. Auch der Raub der Musikinstrumente wirkt nicht beängstigend; denn der betroffene Musiker weiß sich zu helfen. Als ihm die erste größere Flöte weggenommen wird, zieht er eine kleinere hervor. Als diese geraubt wird, fängt er selbstbewusst zu pfeifen an. Dass ein Überfall sehr plötzlich geschieht, die friedliche Welt gefährdet, dass er Chaos und Aufruhr bedingt, wird im Film durch schnelle, fast verwirrende Schnitte signalisiert. Aber die Überfallenen leiden nicht. Die fast belustigende Ausgestaltung der Raubszene mag zum Ziel haben, zuschauende Kinder nicht zu beunruhigen, sie geht aber am Ernst solcher Überfälle vorbei.

Um den Blick der Lernenden auf die Raubüberfälle zu lenken, werden sie aufgefordert die Textstellen S. 26, S. 28, S. 62 ff., S. 99 f., S. 115 f. zu Hause noch einmal zu lesen und folgende Frage schriftlich zu beantworten:

❒ *Wie wird Ronja klar, was es mit den Raubzügen auf sich hat?*

(In der Primarstufe wird über die Raubüberfälle in der Schule gesprochen. Dazu kann eine Tafelskizze angefertigt werden, die in das Heft übertragen wird.)

Im Anschluss an die Sicherung der Ergebnisse bietet es sich an, den Raubüberfall im Film zu zeigen, dabei zu betonen, dass dieser Überfall der einzige ist, von dem man Näheres erfährt, und ihn mit dem zu vergleichen, was im Buch – vor allem Seite 115 f. „Am Räuberpass hätten Mattis und seine flinken Räuber auf der Lauer gelegen" bis: „Wohl um uns beim Vogt zu verklagen, denk ich mir" – über die Räubereien ausgesagt wird.

Eine Tafelskizze kann den Vergleich begleiten.

Die Raubüberfälle

	Im Buch:	Im Film:
Die Beute	Die Beute wird mehrfach erwähnt.	Die Beute wird kaum gezeigt.
Kennzeichnung der Räuber	Die Grausamkeit der Räuber kommt wenig zum Ausdruck.	Die Räuber erschrecken durch ihr plötzliches Auftreten, aber sie wirken nicht grausam.
Kennzeichnung der Überfallenen	Die Überfallenen sind überwiegend reiche Leute, dumm und hilflos, sie jammern und weinen, fluchen und zetern, werden wütend, wenn ihnen ihr Eigentum entrissen wird.	Die Überfallenen sind reiche Leute und Musikanten. Sie erschrecken zwar, verlieren aber ihr Selbstbewusstsein nicht.
Der Überfall	Wie der Überfall verläuft, erfährt man nicht.	Der Überfall wird genau beschrieben. Er wirkt eher lustig als beängstigend.

Im Anschluss an diesen Vergleich werden die Lernenden aufgefordert, sich zu vergegenwärtigen, was in Menschen vorgeht, die ihr gesamtes Hab und Gut auf einer Reise verlieren. Dazu dient die folgende Schreibaufgabe (oder nur Spielaufgabe nach vorheriger Absprache):

❐ *Stellt euch vor, ein Überfallener kommt zum Vogt und beklagt sich über das, was ihm unterwegs passiert ist. Schreibt einen entsprechenden Dialog. Ihr könnt das Gespräch auch vorspielen.*

2.2 ❐ Die Räuber*

Über die Herkunft der Räuber, über das, was sie veranlasste, ein geordnetes Leben aufzugeben, erfährt man nichts. Mattis ist in seinen ‚Stand' hineingeboren und Glatzen-Per raubte schon mit dessem Vater. Alle anderen werden nur kurz mit Namen vorgestellt (S. 27). Die Namen der Räuber hat die Autorin an Orte Lapplands angelehnt. (Vivi Edström meint, dass die Namen Glatzen-Per, Tjegge,

Pelje, Fjosok, Jutis, Joen, Labbas, Knotas, Turre, Tjorm, Sturkas und Klein-Klipp „denen von Trollen oder den kindlichen und fantasievollen Spitznamen einer Fußballmannschaft gleichen“ (a.a.O., S. 299)). Meistens wird von den Räubern im Allgemeinen gesprochen; nur gelegentlich werden einzelne erwähnt (S. 47, S. 104, S. 115ff., S. 180ff.), aber sie bleiben als Personen blass. Was sie vereint, ist ihre Lebensweise und damit verbunden die bedingungslose Unterordnung unter ihren Hauptmann, der sie zu Raubzügen und Elchjagden (S. 69) antreibt, und dessen Frau, die die faule Bande (Vivi Edström vergleicht die Räuber mit Trollen oder Drohnen, die sich vor nützlicher Arbeit drücken (a.a.O., S. 296) zu Arbeiten in der Burg wie Schneeschippen und Wasser holen (S. 85f.) veranlasst und sie zwingt, sich im Schnee zu wälzen um den Winterschmutz loszuwerden (S. 101). Was sie ferner vereint, ist der Zwist mit den Borkaräubern und ihre Furcht vor dem Vogt und vor Landsknechten.

Den Lernenden wird zunächst im Rahmen eines Unterrichtsgesprächs Gelegenheit gegeben, ihre Textkenntnisse einzubringen, das auszubreiten, was sie über die Räuber wissen.

Um die Vorstellungen vom Räuber abzurufen und zu fixieren, bieten sich mehrere Möglichkeiten an:

1. Auftrag zur plastischen Gestaltung oder Mal- und Bastelauftrag: Für jüngere Schülerinnen und Schüler sollte man den Räuber handgreiflich machen. In Zusammenarbeit mit dem Kunstlehrer/der Kunstlehrerin regt man dazu an, einen Räuber mit Hilfe von Ton, Knet- oder Papiermasse zu formen oder in Großformat zu malen, auf Pappe zu kleben und in der Klasse auszustellen. Im Laufe der Zeit könnten die Figuren bei Dialogen als „Sprechpuppen“ dienen.
2. Schreibaufgabe: Ältere Schülerinnen und Schüler werden aufgefordert, ihre Vorstellungen von einem Räuber mit Hilfe eines Clusters zu fixieren, das heißt, in einem ersten Schritt Assoziationen zu dem Begriff Räuber auf Tapetenrollen oder die Tafel zu schreiben, diese in einem zweiten Schritt zu ordnen und zu den Mattisräubern in Beziehung zu setzen.
3. Offenes Unterrichtsangebot: Sollte ein Klassenfest oder eine Klassenfahrt anstehen, könnte man eine große Räuber-Aktion durchführen, bei der sich die Lernenden mit viel Fantasie verwandeln, das heißt, sich in abgetragenen, zerrissenen Kleidern, Perücken, Bärten und Augenbinden präsentieren und unter Anleitung der Lehrperson (vielleicht mit Hilfe des Sportlehrers/der Sportlehrerin) bei Musikbegleitung Bewegungsspiele machen: sich anschleichen, sich klein machen, sich verstecken, sich zu voller Größe aufrichten, mit Imponiergehabe erschrecken. Man könnte Räuber und Gendarm spielen. Man könnte beim Essen schmatzen und stopfen wie ein Räuber, beim Trinken schlürfen und rülpsen. Man könnte das Räuberlied *Im Walde von Toulouse* singen lernen (vgl. Zusatzmaterial 4), dabei klatschen und grölen, mit all diesen Unternehmungen bewusst einen Gegensatz zum bürgerlichen Alltag aufbauen und sich auf diese Weise, was das äußere Gebaren betrifft, ein wenig mit der Welt der Räuber vertraut machen. Man hätte auf jeden Fall gemeinsam einen Heidenspaß und die psychologische Entlastungsfunktion für Kinder wäre beachtlich!

2.3 ❒ Räubersprache und Räuberstreit
(* weitgehend geeignet)

Der Streit zwischen den verfeindeten, rivalisierenden Räuberbanden bildet ein leitendes Motiv des Romans. Wie groß der Abscheu voreinander ist, bezeugen die kraftvollen Ausdrücke und Schimpfwörter. Sie werden zwar auch im Gespräch unter sich gebraucht, aber besonders geballt gegenüber dem Erzfeind („Da wird sich Borka die Pest an den Hals ärgern [...] Soll er doch ruhig in seiner elenden Räuberhöhle hocken und vor Neid mit den Zähnen knirschen. Ja, potz Pestilenz, das gibt ein Heulen und Zähneklappen." (S. 10)). „Wenn Borka dich so sähe, würde er sich vor Lachen in die Hosen pinkeln" (S. 14). „Wenn Borka nicht so ein Hundsfott wäre" (S. 26 u.ö.). „Alle Borkaräuber sind Hosenschisser", wörtlich übersetzt: ‚Scheißkerle!' (S. 27 u. ö.). Auch „Otterngezücht" (S. 42), „Haderlumpen" und „Hundesöhne" (S. 45) werden sie genannt. Der Ort, wo sie hingehören, ist in der Tiefe, der häufig erwähnte „Donnerdrummel" (S. 10). Dorthin sollen sie hinabfahren mit „einem Furz" (S. 27, vgl. auch S. 40 und S. 69). Fast genussvoll schafft A. Lindgren eine derbe Räubersprache (manchem ihrer Kritiker ist sie zu derb, vgl. Erika Krumm, a.a.O.), die auf unterster Sprachebene anzusiedeln ist und besonders Kindern gefällt. Die Welt der Räuber verbinden Kinder ohnehin mit Schimpf, Schande und mit ordinärem Betragen. Ein Räuber gehört in die Welt des Bösen; er muss und darf so reden, wie es ihnen nicht erlaubt ist.

Man kann die Auseinandersetzung mit der Räubersprache auf unterschiedliche Weise begründen: Zum einen ermöglicht sie die Reflexion wechselnder Sprachebenen, die Bedingungen ihres Einsatzes. Zum anderen hat sie lockernde und entlastende Funktion und sie eröffnet die Möglichkeit, kreativ mit Sprache umzugehen.

Die Lehrperson kann diese Auseinandersetzung einleiten, indem sie eine vorbereitete Liste mit Schmäh- und Schimpfwörtern präsentiert und die Lernenden mit einem Impuls herausfordert, ihr Missfallen oder ihr Wohlgefallen zum Ausdruck zu bringen:

❒ *Wenn man bedenkt, dass dieses Buch für Kinder geschrieben ist, da müsste man sich vielleicht doch fragen, ob A. Lindgren zu viele derbe Schimpfwörter verwendet.*

Die Schülerinnen und Schüler werden nun ermuntert, mit Worten einen kleinen Räuberzank auszutragen. (Falls man eine Räuberaktion durchführen möchte, passte dieser Räuberzank in das Programm!)

Der entsprechende Arbeitsauftrag lautet:

❒ *Stellt euch vor, je zwei von euch wären sich zankende Räuber, die ihren Streit mit vielen Schimpf- und Schmähwörtern austragen. Es kann bei diesem Streit um Kleinigkeiten gehen, zum Beispiel darum, dass der eine Räuber sich beim Essen immer das größte Stück Elchbraten nimmt. Bereitet einen solchen Streit vor und spielt ihn. Sammelt dazu möglichst viele Schimpfwörter. Ihr könnt welche aus dem Buch wählen, ihr könnt euch selber welche ausdenken. „Scheiße" und dergleichen braucht ihr nicht so oft zu sagen; das ist langweilig; das hört man ohnehin dauernd!*

Falls Räuber aus Ton oder Pappe angefertigt wurden, eignen sich diese jetzt als Sprechpuppen. Sie erleichtern das Spiel.

Im Anschluss an den spielerischen Umgang mit Schmäh- und Schimpfwörtern werden die Schülerinnen und Schüler angeregt darüber nachzudenken, wann man sie benutzt und wann man seine Umgebung mit diesen Wörtern abstößt. Das kann mit Hilfe eines kleinen Beispieltextes geschehen, aus dem hervorgeht, dass die gewählte Sprachebene der Situation nicht entspricht. Als Kontrast zum unangebrachten Einsatz derber Sprache kann das Beispiel übertrieben feiner Sprechweise dienen. Auch hier entspricht die Sprachebene nicht der Situation (vgl. Zusatzmaterial 5).

Als Mattis und Borka im Zweikampf aufeinander treffen, geht es äußerst brutal zu: Mattis will „Borka zu Brei schlagen" (S. 220). „Bärenkampf" (S. 221) wird diese Art des Aufeinandertreffens genannt, bei dem „alle üblen Kniffe und Griffe erlaubt" sind. „Man durfte brechen und biegen und zerren und reißen und kratzen und beißen" (S. 222). Von „Nierentalg rauspressen", von Röcheln, blutender Nase, verschandelter Fresse, von Ohr abreißen, eisenhartem Prankenschlag ins Gesicht, Hautfetzen, mit denen man den bespuckt, dem man sie gerade abgebissen hat, ist die Rede und von Schmähungen und Schmerzen. Astrid Lindgren verschont den Leser und die Leserin, wenn es um das eigentliche Metier der Räuber geht, um die Überfälle auf Wehrlose. Aber wenn von den Räubern selbst die Rede ist, fehlt jede Rücksichtnahme. Was sie an Grausamkeiten bei Raubüberfällen ausspart, macht sie durch die derbe Räubersprache, durch ungehobeltes Gebaren, wildes Tanzen und Singen, Saufen, Fressen, Raufen und durch den Zweikampf der Räuberhauptleute wett. Die überwiegend humorvolle Gestaltung des Archaischen, Primitiven bereitet dem Lesenden Vergnügen. Er begegnet in der Räuberwelt der „Natur mit ihrem starken Tobak" (vgl. V. Edström, S. 296).

Es empfiehlt sich allerdings, den drastischen Kampf zwischen Mattis und Borka nur mit älteren Schülerinnen und Schülern zu besprechen, und zwar im Hinblick auf die Eignung dieser Textstelle für jüngere. Nach dem lauten Lesen der Seiten 220 bis 224 (erster Abschnitt) leitet der Lehrer/die Lehrerin das Gespräch mit folgendem Textimpuls ein: Hier steht: „Weiber und Kinder hatten nach Brauch und Sitte einem Zweikampf fern zu bleiben. Man hielt es nicht für schicklich, sie bei solchen ‚Bärenkämpfen' zuschauen zu lassen." Wenn man sich diese Stellen vor Augen führt, dann kann man diese Sitte vielleicht gutheißen. Andererseits taucht dann die Frage auf, ob es für Neun- bis Zehnjährige „schicklich" ist, die Schilderung eines solchen Kampfes zu lesen.

Bei der nachfolgenden Diskussion ergibt sich die Gelegenheit, einzelne Textstellen heranzuziehen und zu überprüfen und gleichzeitig das Problem auf die Konfrontation mit Gewalt in den Medien auszuweiten.

2.4 ❐ Der Räuberhauptmann Mattis*

Der Räuberhauptmann Mattis beherrscht ein Räuberimperium. Ihm gehören Burg und Berg, die seinen Namen tragen, ihm gehorchen zwölf verwegene Räuber. Ihn, den „mächtigsten Räuberhauptmann in allen Bergen und Wäldern" (S. 14, S. 65), fürchten die Reisenden. Sogar die Landsknechte, die ihn vergeblich zu greifen trachten, haben vor ihm Respekt (S. 68). Mattis, der hoch gewachsene Kraftprotz (S. 49), kann zwar liebevoll und warmherzig sein, wie sein Verhalten Ronja gegenüber (vgl. seine überschäumende Freude bei ihrer Geburt und seine Fürsorge in ihren ersten Lebensjahren, Kapitel 1, sowie sein Verhalten bei ihrer Krankheit, S. 82 ff.) und seine Sorge und Trauer um Glatzen-Per (S. 230 f.) bezeugen, aber in der Regel ist er barsch und unbeherrscht. Er wird sogar Lovis gegenüber handgreiflich (S. 127), die er liebt, deren Anordnungen er sich meistens fügt (S. 43). Seine Hemmungslosigkeit zeigt sich, als er von Ronja vernimmt, dass sein Erzfeind Borka und dessen Bande den abgespaltenen Teil der Mattisburg bewohnt. Es lohnt sich, diese Textstelle genauer zu interpretieren:

Der auktoriale Erzähler bereitet den Leser auf den Wutanfall des Räuberhauptmanns mit der nüchtern wirkenden Feststellung „es wurde weit schlimmer, als Ronja befürchtet hatte“ (S. 41) vor und erregt damit Neugier. Im Folgenden wird erklärt, worin die Steigerung des Schlimmen zu sehen ist, nämlich in Mattis' „Raserei“ und ihren Auswirkungen auf die hartgesottenen Räuber. Sie, die ihren Hauptmann kennen und in ihrem Beruf nicht zimperlich sind, bekommen Angst. Ehe die nach dieser Einleitung erwarteten Ursachen für die Angst genannt werden, schiebt der Erzähler mit dem Hinweis auf die Zweifel des Räuberhauptmanns an der Wahrheit der Mitteilung und Ronjas Bekräftigung ein retardierendes, Spannung steigerndes Element ein („Flausen und Flunkern kann ja manchmal ganz spaßig sein, aber solch erzvermaledeiten Blödsinn zusammenzuschwindeln, das lässt du künftig bleiben. [...] Ich spür schon mein Blut kochen, obwohl ich weiß, dass alles nur gelogen ist.“ „Es ist nicht gelogen“, sagt Ronja. „Du lügst“, sagt Mattis (ebd.).) Die Reaktion der Räuber auf den Dialog zwischen Vater und Tochter: „Alle saßen stumm da, keiner wagte einen Ton zu sagen“ ist wie die Stille vor einem Gewitter, Zeichen der Anspannung und Angst.

Fjosoks Information leitet zum dramatischen Höhepunkt dieser Begebenheit über, zu Mattis' Wutausbrüchen. In vier syntaktisch und lexikalisch parallel beschriebenen Handlungen, die mit Schimpfkanonaden gegen die Borkasippe und sich steigerndem Gebrüll (vom „Aufbrüllen“ zum „Wahnsinnsgebrüll“, S. 42f.) begleitet werden, schafft sich Mattis Luft. Er wirft nacheinander zwei Bierhumpen, Hammelbraten, Suppentopf und Eier an die Wand. Die parallel gefügten Konsekutivsätze zeigen die Wucht seiner Würfe an: „dass das Bier nur so schäumte, „dass das Fett nur so spritzte“, „dass die Suppe nur so schwappte“, „dass der Eierschleim nur so troff“ (ebd.). Die Anwesenden werden von Mattis' Blicken angezogen und mit seinen Worten aufgerüttelt. Wie gebannt müssen sie zuschauen, wie er agiert („Mattis durchbohrte ihn fast mit seinen Blicken“. „Er starrte wild in die Runde“) und wie er die Borkasippe schmäht und Vorwürfe laut werden lässt („Und davon hat mir keiner was gesagt!“ „Und du, Ronja, hast mit ihm gesprochen?“, S. 42).

Mattis wirkt in seiner Wut isoliert. Die Räuber bleiben stumm und beobachten. Ronja lässt sich nicht einschüchtern, sondern bringt weitere Fakten zur Sprache. Lovis verfolgt das Geschehen distanziert. Als sie sich endlich einmischt, wirkt sie überlegen. Sie nimmt Mattis gegenüber die Rolle der Mutter ein, deren Kind trotzig ist. Sie bietet ihm Eier als Wurfgeschosse an und redet auch so, als hätte sie ein Kind vor sich: „Hier, bediene dich [...] Aber hinterher machst du eigenhändig sauber, merk dir das!“ (S. 43). Auch Mattis' weiteres Verhalten entspricht nicht dem eines gestandenen Mannes. Er wirft sich auf den Boden, bleibt dort liegen, heult, schreit und flucht (S. 43).

Rezensenten werfen A. Lindgren Männerfeindlichkeit vor (vgl. W. Droste, a.a.O.). Angesichts dieses Kontrastes zwischen der unbeherrschten Verhaltensweise dieses Räuberhauptmanns und der souveränen Gelassenheit seiner Frau ist man geneigt, einem solchen Urteil zuzustimmen. Andererseits gilt es zu bedenken, dass es sich bei Mattis um einen Räuber handelt, einen Menschen mit ungebändigter Kraft, unerzogen, ichbezogen, ein „Ich-will-das-haben-Mensch“, ähnlich wie der Räuber Hotzenplotz. Einem solchen Menschen nimmt man die Raubüberfälle und unbeherrschtes Verhalten ab. Handelte Mattis überlegt, hätte man da Schwierigkeiten.

Gegen den Vorwurf der Männerfeindlichkeit bietet sich noch ein weiteres Argument an: A. Lindgren konzipiert mit Glatzen-Per eine herausragende Gestalt. Neben dem Kraftprotz Mattis nimmt sich der alterskranke Glatzen-Per zwar erbärmlich aus (S. 28), er aber ist der einzige Räuber, der dem Hauptmann gegenüber eine eigene Meinung vertritt (S. 45, S. 67). Er durchschaut die Zusammenhänge (S. 92), weiß um die Nöte der Beraubten (S. 65f.), kennt die Vergangenheit der rivalisierenden Räuberbanden (S. 10), sieht den Gefahren, die von der Obrigkeit drohen, ins Auge und rät mit Nachdruck zum Frieden mit der Borkasippe (S. 216f.), ahnt, dass es für Räuber keine Zukunft gibt – obwohl er sich, solange seine Kräfte reichen, an den Raubzügen beteiligt. Als ein alter, vom Tode bedrohter Mann schenkt Glatzen-Per Ronja eine Silbermine; denn er weiß, dass der Weg, den Ronja und Birk gehen, der bessere ist und unterstützt sie in ihrem Vorhaben (S. 218). Mit Glatzen-Per gewinnt der Leser Distanz zu der Räuberwelt; durch Ronja und Birk wird er gewahr, wie man diese Welt verlassen kann, auch wenn von deren Zukunft wenig Konkretes erzählt wird. Mit dem vorbildlichen Charakter dieses alten Mannes verträgt sich der Vorwurf der Männerfeindlichkeit nicht.

Die Lernenden werden aufgefordert, mithilfe entsprechender Textstellen (vgl. Zusatzmaterial 3) Mattis zu kennzeichnen beziehungsweise eine Charakterskizze von ihm zu entwerfen. Die Stellen, die der Auseinandersetzung zwischen Mattis und Ronja gelten (S. 62ff., S. 123ff., S. 130ff.), eignen sich besonders gut zum Lesen in verteilten Rollen, zum Nachspielen und für weiterführende, auch produktionsorientierte Aufgaben. Auf diese Weise setzen sich die Schülerinnen und Schüler mit der außergewöhnlichen Beziehung zwischen Vater und Tochter auseinander und werden, ohne dass dieses eigens artikuliert wird, in die Lage versetzt eigene Erfahrungen zu verarbeiten.

Für die Textstelle Seite 62ff. könnte die Aufgabe lauten:

- ❐ *Stellt euch vor, Ronja wäre sehr bekümmert über das, was sie von den Raubzügen hört. Sie hat deshalb einen schlimmen Traum. Beschreibt ihn.*

Auch auf den Streit, der mit Birks Gefangennahme zusammenhängt (S. 133ff.), könnte Ronja mit einem Traum reagieren.

Dass Mattis seine Tochter verleugnet, fordert zum Protest heraus. Er könnte weitaus stärker sein als im Text formuliert. Die Lernenden erhalten die Aufgabe, Zurufe, Proteste der einzelnen Räuber zu formulieren, die sie Mattis entgegenschleudern.

Um die analytischen Fähigkeiten zu schulen werden die Seiten 41ff. noch einmal gelesen und altersstufengemäß interpretiert: Jüngere Schülerinnen und Schüler erhalten folgenden Arbeitsauftrag:

- ❐ *Unterstreicht auf den Seiten 41 u. bis 46 die Textstellen, an denen man erkennen kann, dass Mattis sehr wütend ist.*
- ❐ *Wie findet ihr das Verhalten des Räuberhauptmanns? Sprecht erst mit eurem Nachbarn darüber und dann in der Klasse.*

Für ältere Schülerinnen und Schüler bietet diese sehr eindrücklich gestaltete Szene eine gute Gelegenheit für eine exemplarische Analyse, die mithilfe eines Tafelbildes vorbereitet wird. Die Lehrperson schreibt als Überschrift eine Spalte an die Tafel („Textstelle?"), darunter den Satz mit der ersten Wurfhandlung (als Zitat oder mit eigenen Worten). Die Überschrift der zweiten Spalte lautet: „Was fällt an diesem Satz sprachlich auf?" Die Beobachtungen werden notiert. In die dritte Spalte mit der Überschrift „Wie wirkt die Textstelle/Wie kann man sie deuten?" werden die Interpretationsergebnisse eingetragen, z. B.: Man merkt, dass sich Mattis hemmungslos, mit seiner ganzen ungebändigten Kraft, Luft verschaffen möchte.

Eine exemplarische Textanalyse

Textstelle	Was fällt an diesem Satz sprachlich auf?	Wie wirkt das? Wie kann man das deuten?
„Er starrte wild“, „mit einem Aufbrüllen packte er zwei Bierhumpen“, „schmiss sie an die Wand, dass das Bier nur so schäumte.“	Mehrere ausdrucksstarke Verben, die Vorgänge bezeichnen, verbunden mit dem Adverb „wild“ dienen zur Kennzeichnung der Wurfhandlung. Die Folge wird mit Hilfe eines Konsekutivsatzes zum Ausdruck gebracht, in dem wiederum ein Verb begegnet, das Kraft und Dauer signalisiert.	Man merkt, dass Mattis sich hemmungslos und mit seiner ganzen Kraft Luft verschaffen möchte. Das Bier kommt einem wie ein Opfer seiner Wut vor. Es steht für Borka.
„Mit Gebrüll packte Mattis den Hammelbraten, schleuderte ihn an die Wand, dass das Fett nur so spritzte.“	Das substantivierte Verb „Aufbrüllen“ wird ersetzt durch das Substantiv „Gebrüll“. Die Wahl der Verben und die Syntax entsprechen denen der ersten Wurfhandlung.	Die Fortsetzung der Handlung und das Anhalten der Wut werden angezeigt, das sich schließlich bis zum „Wahnsinnsgebrüll“ (S. 43) steigert.

Dieses Vorgehen wird an zwei Sätzen gemeinsam, dann in Partnerarbeit versucht. Beispiele werden von den Lernenden zur Überprüfung an die Tafel geschrieben. Dieses Vorgehen ist zwar zeitaufwändig, schult aber methodisch erstaunlich. Bei leichten Texten kann man so bereits mit jüngeren Schülerinnen und Schülern arbeiten. Allerdings sollten solche Übungen in allen Klassenstufen nur auf eher kurze Textausschnitte bezogen werden, damit die Freude an der Literatur nicht verdorben wird.

Eine weitergehende Aufgabe lautet:

❐ *Versuche das, was in den Spalten aufgelistet wurde, in einen zusammenhängenden Text zu bringen. Fange folgendermaßen an: Als der Räuberhauptmann Mattis hört, dass sein Rivale den abgespaltenen Teil seiner Burg bezogen hat, gerät er außer sich. Er beschimpft seine Leute, weil sie ihm nicht von diesem Unheil berichtet haben, starrt sie wütend an und schließlich wirft er mit lautem Geschrei zwei Bierhumpen an die Wand. Wie groß seine Wut ist, kann man an den ausdrucksstarken Verben erkennen: Er „starrte“, „packte“ „schmiss“ (S. 42) ...*

Nach der Überprüfung der Schreibaufgabe, die bei ersten Interpretationen dieser Art erfahrungsgemäß lange dauert, besteht Gelegenheit, ein Meinungsbild über diesen Hauptmann zu erstellen. Die Lehrperson erwähnt, dass man Astrid Lindgren in Rezensionen wegen der Konzeption dieses Protagonisten Männerfeindlichkeit vorwirft. Die Schülerinnen und Schüler nehmen zu diesem Vorwurf Stellung. Im Zuge des Gesprächs kann die Kennzeichnung Glatzen-Pers (nach der arbeitsteiligen Lektüre entsprechender Textstellen, s. o.) als Gegenargument dienen.

2.5 ❒ Frauen in der Welt der Räuber

(* in Auszügen)

Im Märchenroman „Ronja Räubertochter" spielen drei Frauen eine Rolle: Lovis, Undis, die Räuberehefrauen, und Ronja, die angehende Frau. Von Undis ist nur am Rande die Rede. Auch sie lebt mit ihrem Mann, einem Kind und zwölf Räubern zusammen. Es ist anzunehmen, dass ihr Alltag ähnlich verläuft wie der von Lovis, wenn auch gekennzeichnet von Armut und Entbehrungen (S. 96 ff.). Lovis organisiert das Leben auf der Burg wie eine erfahrene Gutsfrau. Sie kümmert sich um das Vieh (S. 83), das Essen (S. 69), die Wäsche (S. 104). Sie sorgt für Vorräte (S. 96), treibt die faulen Räuber zur Arbeit an (S. 68), pflegt die Kranken und verfügt über entsprechende Kenntnisse und Heilkräuter (S. 84, S. 115, S. 228). Lovis strahlt Ruhe und Gelassenheit aus (vgl. ihr Verhalten bei der Geburt und bei dem starken Gewitter. Da gerät sie nicht in Aufruhr, singt, stillt ihr Kind, als der Blitz eingeschlagen hat, S. 5 ff.). Lovis lebt in Einklang mit den Jahreszeiten, der Natur, den Bedingungen und Begrenzungen des menschlichen Lebens (vgl. ihr Verhalten bei Glatzen-Pers Sterben, S. 232 f.).

In der Sekundärliteratur wird Lovis oft als eine Art Urfrau angesehen, als „Lebensquelle" (vgl. V. Edström, die schon in dem Namen „Lovis" einen Hinweis auf die Kraft der Liebe sieht, die diese Frau erfüllt, S. 311). Sie verfügt über die Gabe hoher Menschenkenntnis, sie ist einfühlsam und hilfsbereit, eine Art Heilerin in körperlichen und seelischen Nöten (vgl. ihr Verhalten gegenüber Birk und Ronja, ihren Umgang mit ihrem Mann, dem kranken Sturka, Glatzen-Per). Sie kann trösten (S. 233) und herrisch sein (S. 44). Sie ist Ronjas Vorbild bis zur Wahl der Worte (S. 169). Ronja eifert ihr nach (z. B. in Fragen der Sauberkeit, S. 97 ff., bei der Heilkunst, S. 164), aber sie wird dennoch eines Tages einen anderen Weg gehen als ihre Mutter, weil sie die Räuberwelt hinterfragt.

2.5.1 Ein Vergleich mit historischen Räuberinnen

Für die Annäherung an den Schwerpunkt „Frauen in der Räuberwelt" erscheinen folgende Vorgehensweisen geraten: Mit älteren Schülerinnen und Schülern lohnt sich ein Ausflug in die Welt historischer Räuberinnen. Das kann mithilfe eines Lehrervortrags, eines Schülerreferates (oder mit Textarbeit) geschehen, und zwar auf der Grundlage des entsprechenden Materials (vgl. Zusatzmaterial 6). Nach einer vorbereitenden Aufgabe, die der erneuten Lektüre der Textstellen gilt, die Lovis kennzeichnen (s. o.), erhalten die Lernenden, wenn sie über die Informationen über historische Räuberinnen verfügen, folgenden Arbeitsauftrag:

❒ *Vergleicht Lebensweise und Lebenseinstellung der historischen Räuberinnen mit denen der Räuberhauptmannsfrau Lovis. Haltet eure Ergebnisse auf Folie fest.*

Beispiel für ein mögliches Ergebnis:

Ein Vergleich

Historische Räuberinnen:	**Lovis:**
– ziehen mit Räubern und Kindern ohne festen Wohnsitz herum,	– lebt auf der Burg, bleibt dort, wenn die Männer zu Raubzügen unterwegs sind,
– sind oft arm und elend,	– lebt in gewissem Wohlstand,
– müssen für den Lebensunterhalt der Kinder aufkommen und manchmal auch für den der Männer,	– wird von ihrem Mann und den Räubern versorgt, trägt aber auch durch ihre Arbeit zum Überleben bei (Tiere, Kräuter),
– helfen bei Raubüberfällen, indem sie als Kundschafterinnen agieren, die Beute abtransportieren und weiter verkaufen,	– kümmert sich um die Beute nur hinsichtlich der eigenen Versorgung,
– sind zum Teil bewaffnet, tragen Männerkleidung und unterscheiden sich dann bei den Raubüberfällen nicht von den Männern,	– lebt friedlich, hat nichts Räuberhaftes an sich, bildet einen Gegensatz zu der rauen Welt ihres Mannes und der Räuber, auch wenn sie diese bei Untätigkeit zu neuen Raubzügen ermuntert,
– nehmen gelegentlich sogar Führungspositionen ein,	– bestärkt ihren Mann in seiner Rolle als Hauptmann, hat aber im häuslichen Bereich eine führende Position inne,
– stellen die Verbindungen zwischen Gefangenen her und helfen bei abenteuerlichen Befreiungsversuchen aus den Gefängnissen,	– ihre Hilfe gilt Kranken,
– stellen ihre Tätigkeit nicht in Frage, halten sogar ihre Kinder zum Stehlen an.	– stellt die Tätigkeit ihres Mannes und der Räuber nicht in Frage, akzeptiert Ronjas Trennung von der Räuberwelt
Ergebnis: Die Räuberfrauen unterscheiden sich kaum von den Räubern. Ihre Welt ist unsicher und kämpferisch.	**Ergebnis: Sie unterscheidet sich von ihrem Mann und den Räubern. Ihre Welt ist voller Harmonie und Frieden.**

2.5.2 Auseinandersetzung mit dem Textbefund

Mit jüngeren Schülerinnen und Schülern wird dieses Thema textimmanent bearbeitet. Zunächst kann im Unterrichtsgespräch ein Austausch über Lovis' Stellung in der Welt der Räuber erfolgen. Der folgende Arbeitsauftrag dient der Vertiefung:

❑ *Wir wollen uns jetzt ein noch genaueres Bild von Lovis machen, indem wir überprüfen, wie sie mit Ronja, wie sie mit Birk und wie sie mit den Räubern und mit Kranken umgeht.*

Dazu wird die Klasse in drei Gruppen eingeteilt. Innerhalb der Großgruppe bearbeiten jeweils zwei die im Folgenden genannten Textstellen und halten ihre Ergebnisse stichwortartig fest (die Textstellen verstehen sich als Angebot, aus dem die Lehrkraft je nach Leistungsstand und Alter der Lernenden auswählt):

Gruppe 1: *Lovis und Ronja:*	S. 11f., S. 24, S. 28 S. 32, S. 97, S. 135 S. 139, S. 181, S. 184 S. 192-197, S. 213
Gruppe 2: *Lovis und Mattis:*	S. 13f., S. 43f. S. 71, S. 83, S. 97f. S. 119, S. 127, S. 133 S. 195, S. 228, S. 231

Gruppe 3: *Lovis und die Räuber; Lovis und Menschen, die ihrer Pflege bedürfen:*
S. 69, S. 101ff.
S. 84, S. 118
S. 126, S. 230f.

Die Ergebnisse werden zunächst innerhalb der Gruppen vorgetragen und diskutiert und anschließend mit der gesamten Klasse besprochen und diskutiert. Sie können (wiederum je nach Anspruchsniveau) im Rahmen einer weitergehenden Aufgabe mit unterschiedlichen Schreibaufträgen gesichert werden:

- *Wenn Lovis deine Mutter wäre, was möchtest du mit ihr erleben?*
- *Worum würdest du sie bitten?*
- *Vergleiche Lovis mit Mattis.*
- *Passen die beiden zusammen? Begründe deine Aussagen?*

2.6 ❐ Das Wolfslied*

Zu Lovis' abendlichem Ritual gehört das Singen des Wolfsliedes (S. 28, S. 66, S. 139, S. 146f., S. 155, S. 197, S. 214, S. 228). Es ist wie ein Schutzgesang gegenüber finsteren Mächten. *Ronja Räubertochter* gilt als Roman mit märchenhaften Elementen: Die Unbestimmtheit von Ort und Zeit, das Arsenal der Märchengestalten, die den Wald beleben und Menschen bedrohen, und auch die Räuberwelt rechtfertigen diese Sicht auf das Buch. Ein Relikt aus der Märchenwelt verbirgt sich auch im Wolfslied. Der Wolf ist im Märchen der Bedrohende. Mit dem abendlichen Ritual zieht Lovis einen schützenden Kreis um die Burg. Sie erklärt nicht, warum sie singt; keiner fragt danach. Man weiß nicht, wie Text und Melodie des Liedes lauten. Aber man ahnt, dass es ein Schutzlied ist, überkommen aus uralten Zeiten, in denen der Wolf als Todesbedroher gebannt werden musste.

Ronja schläft im Schutze dieses Liedes ein. Es hilft ihr, ruhig zu werden, das verlorene innere Gleichgewicht wiederherzustellen: „...Lovis sang, und da wurde die Welt wieder so, wie sie sein sollte. Ronja sank in den tiefen Kindheitsfrieden..." (S. 197, vgl. auch S. 66). In der Bärenhöhle fordert Birk sie auf, das Wolfslied zu singen. Ronja weiß, dieses Lied zu singen ist Aufgabe der Frau. Deshalb versucht sie, diese Tradition in schmerzlicher Erinnerung an Lovis fortzusetzen (S. 146f.), aber es gelingt ihr nicht, ein Hinweis darauf, dass sie über die innere Harmonie ihrer Mutter noch nicht verfügt. Sie kann das Draußen noch nicht bannen, weil sie es erst noch erforschen muss und weil sie noch keinen bleibenden Ort – kein Drinnen – für sich und Birk gefunden hat.

Im Anschluss an die Lektüre einiger Textstellen, mit deren Hilfe die Bedeutung des Wolfsliedes im Unterrichtsgespräch erarbeitet wird, werden die Lernenden mit folgender Aufgabe konfrontiert:

- *Wir haben erkannt, dass das Wolfslied für Lovis und Ronja wichtig ist und dass es zum Tagesabschluss gehört, aber wir wissen nicht, wie sein Text lautet und seine Melodie. Schreibt ein Wolfslied, das zu dem Roman Ronja Räubertochter passt. Vielleicht findet ihr auch eine Melodie.*

Schüler und Schülerinnen der Grundschule werden zunächst aufgefordert, über ihre Einschlafrituale zu berichten und darüber nachzudenken, warum Kinder an ihnen festhalten. Erst dann bildet das Wolfslied, verbunden mit dem nachfolgenden Schreibauftrag, die thematische Mitte des Unterrichtsgesprächs.

Es besteht die Möglichkeit, die Produkte der Schülerinnen und Schüler mit dem Wolfslied, das im Film gesungen wird, zu vergleichen. Der Text lautet:

„Wild heult der Wolf des Nachts im Wald.
Vor Hunger kann er nicht schlafen.
Und seine Höhle ist bitterkalt.
Er giert nach fetten Schafen.
Du Wolf, du Wolf, komm nicht hierher!

(Dieser Text wurde nach dem Hören des Liedes aufgeschrieben.)

Notizen:

Baustein 3 Die Natur

3.1 ❒ Die Entwicklung innerer Bilder – Eintauchen in die Atmosphäre*

„Als ich ‚Ronja' schrieb, hatte ich Sehnsucht nach der Wildnis [...]. Hier in der Stadt blieb mir nichts anderes übrig, als von der Wildnis, von einem Wald mit schönen Bäumen zu träumen." So äußert sich A. Lindgren selbst (vgl. v. Schönborn, F., a.a.O., S. 37). Ihr Roman ist ein Lobpreis an die Natur, der zum Schönsten gehört, was A. Lindgren schrieb.

Sie schildert die Pracht und die Gefahren der einzelnen Jahreszeiten, die große Kälte und Dunkelheit, das Eingepferchtsein im Winter, sie schildert den Frühling, der mit großer Kraft „wie ein Jubelschrei" hereinbricht (S. 105), der die Menschen geradezu überwältigt, sodass Ronja als Antwort und Zeichen ihres Einklangs ihren „Frühlingsschrei" ausstößt: „Und hier war sie nun und hatte sich kopfüber in den Frühling gestürzt. So herrlich war er um sie herum, ja, auch sie selber war ganz erfüllt von seiner Heiterkeit, und sie schrie wie ein Vogel, laut und gellend [...]. Ich muss einen Frühlingsschrei schreien, sonst zerspringe ich" (S. 107, vgl. auch S .149 und S. 237). Der Frühlingsschrei Ronjas hat strukturierende Funktion. Er signalisiert Höhepunkte: Die erste Begegnung mit dem Frühling, den Beginn des gemeinsamen Lebens in der Bärenhöhle und der Wiedereinzug in sie als Zeichen bleibender Gemeinsamkeit für Ronja und Birk.

Ronja lässt sich von dem, was sie umgibt, bewegen und verändern. Sie fühlt sich mit ihrer Umgebung, mit allem Lebendigen verbunden (S. 149, S. 237). Die Räuber hingegen singen und pfeifen im Frühling, um das herrliche Räuberleben „wieder aufzunehmen" (S. 195). Ihre Musik begleitet sie selbst.

Ronja und Birk „erfahren" die Natur im wahrsten Sinn des Wortes: Sie springen, klettern und hangeln, schwimmen, streunen herum und stürmen hinter Pferden her, sie reiten, jagen und wandern. Als Ronja zum ersten Mal die Burg verlässt, heißt es: „Und Ronja ging". Das ist die Überschrift für ihren Aufenthalt im Freien, aber auch für die Trennung vom Elternhaus. Ronja geht und entwickelt sich zu einer selbstbewussten Persönlichkeit. Neben Stellen, die Bewegung bekunden, finden sich solche, in denen von ruhiger Beobachtung die Rede ist. Ronja und Birk verharren und betrachten (S. 69, S. 107, S. 149).

Natur annehmen, das heißt: hören, riechen, fühlen, sehen, sich anfüllen lassen mit dem, was als Gegenüber erscheint und dessen Teil man doch ist. Es heißt, sein eigenes Wesen kennen lernen.

Nach der Darstellung von Handlungen und Wahrnehmungen nimmt der auktoriale Erzähler die Ebene der Beurteilung ein und verdeutlicht dabei sein Anliegen. Dazu dienen auch mehrfach die Dialoge zwischen Ronja und Birk (S. 179). An anderer Stelle lässt A. Lindgren Ronja einen Vergleich gebrauchen, den sie zu einem eigenwilligen Bild ausweitet und mit dessen Hilfe sie die Ebene der Beurteilung erreicht. „Ich sauge den Sommer in mich ein wie die Waldbienen den Honig [...] Ich sammle mir einen großen Sommerklumpen zusammen und von dem werde ich leben, wenn ... wenn es nicht mehr Sommer ist [...]. Es ist ein einziger großer Kuchen aus Sonnenaufgängen und Blaubeerreisig mit reifen Beeren“ (S. 200). Ein elfjähriges Kind dürfte so schwerlich sprechen. A. Lindgren spricht mit Ronjas Stimme. Sie breitet die glücklichen Sommer ihrer Kindheit aus und schlägt dabei ganz im Gegensatz zur Sprache der Räuber Töne an, die zart und doch kräftig sind im Wechsel von Impression und Expression.

Mehrfach wird zum Ausdruck gebracht, dass die Reaktion auf das, was in der Natur wahrgenommen und erlebt wird, Lachen ist. Dieses meist leise Lachen – es wirkt Struktur bildend – hebt sich vom dröhnenden Gelächter, den gewaltigen Lachsalven des Räuberhauptmanns und seiner Männer ab (S. 213, S. 216, S. 225); es signalisiert Freude, Frieden und Freiheit, die Botschaft der Natur an Menschen, die sie annehmen.

Da die Stellen des Buches, in denen von der Natur die Rede ist, auch Kindern und Jugendlichen besonders gut gefallen, sollten sie wenigstens zum Teil laut gelesen werden. Das kann die Lehrperson, das können auch Schülerinnen und Schüler besorgen, wenn sie Gelegenheit bekommen, entsprechende Textstellen (s. o.) zu Hause vorzubereiten (auch Sprechen auf Kassette ist möglich).

Diejenigen, die zuhören, erhalten folgenden Auftrag:

❒ *Konzentriert euch ganz auf den Text; wenn es euch hilft, schließt die Augen und achtet darauf, welche inneren Bilder oder Vorstellungen sich einstellen, welche Atmosphäre wahrgenommen wird. Schreibt auf, was ihr seht, oder malt es.*

Die Lernenden erhalten hinreichend Zeit für diese Schreib- oder Malaufgabe. Nach dem Vortrag des Geschriebenen oder der Erläuterung des Gemalten wird auf den Text zurückgegriffen, wird gefragt, welche Stellen die Vorstellungen auslösten oder woher diese wohl rühren. Während des Austausches über das Geschriebene oder Gemalte ist das Augenmerk wiederholt auf Parallelstellen, auf Struktur bildende Motive und Wiederholungen zu richten.

Nach der Schreib- beziehungsweise Malaufgabe ist ein Vergleich mit Vorstellungen, die Frühlingsmusik erweckt, ergiebig. Die Schülerinnen hören Passagen aus Vivaldis *Vier Jahreszeiten*, schreiben oder malen dazu, stellen ihre Produktionen vor und Beziehungen her zu den inneren Bildern, die der Text evozierte, oder weisen Kontraste auf. Sie lernen dabei auf sich selbst zu achten, sich in der Begegnung mit Geschriebenem oder Gehörtem wichtig zu nehmen. Ihre Wahrnehmungsfähigkeit wird geschult.

3.2 ❒ Analyse eines Textausschnittes

Als letztes Beispiel gelungener Naturschilderung werden die Seiten 105 bis 107 gelesen, zunächst in Partnerarbeit und dann gemeinsam im Unterrichtsgespräch interpretiert; dabei ist das besondere Augenmerk auf Ronjas Frühlingsschrei zu richten, auf die jeweils unterschiedliche Bedeutung des Frühlings für die Räuber sowie für Ronja und Birk.

Der Frühling kündigt sich mit einer Fülle von Klängen und Geräuschen an. Sie spiegeln seine Kraft, die auch die Menschen erfüllt. Sie hören hin; das veranlasst sie auf ihre Weise, in den Jubel einzustimmen (vgl. die Substantive: „Jubelschrei“, „Frühlingslied“, „Frühlingsschrei“, „das wilde Lied des Frühlings“, die substantivierten Verben: „Zwitschern und Rauschen“, „Brausen und Singen und Plätschern“, Satzfügungen, die Klänge ausdrücken und anzeigen: „In Strömen rann er von allen Bergwänden herab“, „der Fluss brauste und schäumte mit all seinen Strudeln und Wirbeln und sang ein wildes Frühlingslied, das nie verstummte“, das lautmalerische „Hoho“ der Räuber, den Freiheit signalisierenden Vergleich von Ronjas Schrei mit dem eines Vogels: „und sie schrie wie ein Vogel, laut und gellend“.

❐ *Zur Sicherung der Ergebnisse ergeht an jüngere Schülerinnen und Schüler der Schreibauftrag, auf den Seiten 105-107 nach „Frühlingswörtern“ zu suchen und sie in das Heft zu übertragen.*

An ältere Schülerinnen und Schüler ergeht folgender Schreibauftrag:

❐ *Analysiere/Analysieren Sie den Beginn des achten Kapitels; achte/achten Sie dabei besonders auf die Bedeutung des Frühlings für die Räuber und Ronja. Lenke dein/Lenken Sie Ihr Augenmerk auf Klänge und Geräusche und ihre Bedeutung.*

Wenn die Lernenden durch diese Art des Textumgangs für Naturschilderungen sensibilisiert wurden, ist ihnen jetzt eine Aufgabe zuzumuten, bei der sie selbst eine entsprechende Textstelle auswählen sollen.

❐ *Wählt euch eine Stelle aus dem Buch aus, die eine Naturschilderung enthält, die euch besonders gut gefällt. Lest die Stelle gut betont vor und erklärt, was euch an diesem Text inhaltlich und sprachlich anspricht.*

3.3 ❐ Tiere im Wald*

Ronja erobert sich die Welt rings um die Burg, sie durchstreift den Mattiswald, schwimmt im Weiher, klettert über Felsen, setzt sich Gefahren aus und besteht sie, weil sie sich „hütet, Angst zu haben“. Das Ergebnis ihrer Bemühungen fasst der auktoriale Erzähler in den Satz „und schließlich wurde sie so geschmeidig und stark und furchtlos wie ein gesundes kleines Tier“ (S. 25). Der Vergleich bringt zum Ausdruck, dass die Art, wie Tiere sich in der Natur bewegen, die ist, die der Mensch auch erreichen sollte. Er soll ein Teil der Natur sein, sich ihr anpassen und sich ohne Angst behaupten. Tiere spielen in diesem Buch noch mehrfach eine Rolle. Als Ronja Birk zum ersten Male im Wald begegnet, sieht sie ihn vor einem Fuchsbau hocken und die Jungfüchse beobachten. Sie fordert Birk auf, ihre Jungfüchse zufrieden zu lassen und aus ihrem Wald zu verschwinden (S. 54f.). Birk belehrt sie, dass die Tiere niemandes Eigentum sind und dass der Wald ihnen genauso gehört wie Menschen und Naturgeistern. Um seiner Meinung Nachdruck zu verleihen, zählt er auf, wem der Wald gehört: Es ist „der Wald der Wölfe und Bären, der Elche und der Wildpferde. Und der Wald der Uhus und des Mäusebussards, der Wildtaube, des Kuckucks und des Habichts. Und der Wald der Schnecken und Spinnen und Ameisen“ (S. 55). Ronja möchte nicht belehrt werden, aber sie lernt durch die gemeinsamen Erfahrungen, dass das, was Birk ihr sagt, stimmt. Im Umgang mit den Wildpferden gelingt es den Kindern, nach vielen Anstrengungen zwar, zwei Pferde zu retten (S. 108ff. S. 170ff.). Aber sie lassen sie bei ihrer Herde (S. 109). Als eine Stute von einem Bären verletzt und ihr Fohlen gerissen wird, kümmern sich Ronja und Birk um sie wie um einen kranken Menschen; sie verbinden die Wunde mit Weißmoos, melken die Stute, streicheln sie. Aber auch sie kehrt zu ihrer Herde zurück, als der Sommer zu Ende geht; denn ein Wildpferd ist kein Haustier (S. 175).

Der Umgang mit den Pferden wird im Film besonders eindrücklich gezeigt. Hier ist nicht einmal das Einreiten anstrengend. Als Ronja hinunterfällt, lacht sie. Das Leben mit den Tieren verläuft anmutig und leicht. Die Kinder sind nicht die Be-

herrscher der Tiere, sondern ihre Spielgefährten. Man gewinnt beim Betrachten des Filmauszuges den Eindruck, als feierten sie ein Fest mit allem, was sie umgibt, den Tieren, dem Wasser, der Erde, auf der sie sich nach dem Schwimmen wohlig ausruhen.
Da es deutschen Kindern nicht leicht fällt, sich ein Bild von der Unberührtheit der schwedischen Landschaft, dem satten Grün, dem hellen Sonnenlicht, dem dunklen Blau der Gewässer und der Vielfalt der Waldtiere zu machen, liegt es nahe, Filmausschnitte vorzuführen, in denen der Umgang mit der Natur und den Wildpferden gezeigt wird. Die SchülerInnen und Schüler betrachten die Ausschnitte mithilfe des Arbeitsblattes.
Falls kein Film zur Verfügung steht, könnte von Erfahrungen der Kinder mit Haustieren, vorzugsweise mit Pferden – auch beim Reitenlernen – ausgegangen werden, um in einem zweiten Schritt das Verhältnis Ronjas und Birks zu den Tieren im Wald zu bedenken.

Die folgende Schreibaufgabe dient der Vertiefung:

❐ *Schreibt einen Brief an Ronja oder Birk, äußert euch zu der Art, wie sie mit Tieren umgehen, und erzählt von euren diesbezüglichen Erfahrungen.*

Vielleicht haben die Lernenden nach dem Vorlesen der Briefe Lust, aus Ronjas oder Birks Sicht zu antworten und ein Briefspiel in Gang zu setzen.

Notizen:

Analyse eines Filmausschnitts

Baustein 3

Arbeitsblatt 3

Benutzt dieses Arbeitsblatt als Stichwortzettel, übertragt anschließend die Fragen und eure Antworten in euer Heft!

1. Schaut euch diese Filmausschnitte genau an.

2. Welche Farben und Lichtverhältnisse herrschen vor?

3. Wie ist die Stimmung/die Atmosphäre?

4. Beschreibt das Verhältnis zwischen Tieren und Menschen.

5. Man kann annehmen, dass diese Szenen eine Botschaft an den Betrachter enthalten. Schreibt sie auf.

6. Lest die Textstellen S. 55, S. 108 ff. S. 170 ff. und vergleicht sie mit dem Film. Wo gibt es Gemeinsamkeiten? Wo bestehen Unterschiede?

7. Was gefällt euch besser, die Darstellungen im Buch oder die im Film? Begründet eure Meinung.

3.4 ❐ Naturmagische Wesen*

Die Natur ist nicht nur ein Ort des Friedens und der Freiheit, sie ist nicht nur schön und erbaulich, sondern sie birgt auch Gefahren und ruft Ängste hervor. Sie ist ein Ort, an dem man sich bewähren muss. Trolle, Druden, Gnome – Gestalten aus Volkssagen und Märchen – treiben ihr Unwesen im Wald und treten als Gegenspieler der Menschen auf. Während die Raubzüge der Räuber eher harmlos wirken, erscheinen die Graugnomen und Wilddruden geradezu blutrünstig. Ihr Überfall wird zeitlich gedehnt. Um die Großdrude hervorzuheben wählt A. Lindgren die Innensicht. Mit dem Mittel der erlebten Rede zeigt sie deren Macht: „Sollte sie das schwarzhaarige (Menschlein!) nehmen?" (S. 188). Der Größe der dargestellten Gefahr entspricht die Größe der Bewährung. Sie gelingt nur, weil Ronja und Birk sich gegenseitig helfen und die Wilddruden, die zwar mächtig, aber dumm sind, überlisten. Ronja und Birk begegnen wiederholt Nebel-, Wald- und Wurzelgeistern. Die Dunkeltrolle (S. 144, S. 152 f.) und die Rumpelwichte (S. 72 ff.) sind harmlos, aber die Unterirdischen locken wie die Sirenen in das Verderben (S. 60 f.). Besonders die blutrünstigen Grause- oder Wilddruden mit ihren scharfen Krallen und steinharten Augen (S. 29) und die Graugnomen mit ihrem Grollen und Glimmen (S. 22 f.) verdeutlichen die elementaren Kräfte der Natur; der Mensch muss lernen, mit ihnen mutig umzugehen. Nur die Ängstlichen sind die wirklich Unterliegenden (S. 24 f., S. 29 ff., S. 177 f., S. 187 ff.). Es geschieht aber auch, dass die Elementargeister dem Menschen wohl gesonnen sind. Glatzen-Per rettete einen kleinen Graugnomen, der ihm aus Dankbarkeit ein Silberbergwerk vermachte (S. 227 f., S. 235).

Ronja und Birk erfahren die Natur, indem sie *mit* den naturmagischen Wesen leben. Sie lernen sich auf Gefahren einzustellen und sie zu bestehen. Sie lernen ihre Angst zu überwinden. Das macht sie stark und lebensfähig.

Schülerinnen und Schüler jeden Altes sind mit dem vielfältigen Märchenpersonal deutscher Literatur vertraut. Besonders kleine Märchengestalten sind bei jüngeren als Identifikationsfiguren beliebt. Mit *Ronja Räubertochter* lernen sie Gestalten aus nordischen Märchen und Sagen kennen, allerdings in der sehr eigenwilligen Version Astrid Lindgrens. Die Beschäftigung mit Druden, Gnomen und Wichteln stellt Anforderungen an die Fantasie der Lernenden, sie wirft aber auch die Frage nach der Bedeutung naturmagischer Wesen für den Menschen auf, seiner Neigung, anonyme Mächte nicht auszuhalten, Gefahren zu personalisieren, Schrecken auf greifbare Verursacher zurückzuführen. In unteren Klassen wird man diese Frage nur streifen und Kenntnisse durch Vergleichstexte (*Märchen, Odysseus und die Sirenen, Der kleine Hobbit*, vgl. Zusatzmaterialien 8 und 9) erweitern. Bei höheren Klassenstufen sollte die animistische Sicht der Natur, der Zusammenhang von Naturgewalt, Hilflosigkeit und Furcht bedacht werden. Balladen wie Goethes *Erlkönig* oder Droste-Hülshoffs *Der Knabe im Moor* verdeutlichen ihn.

Mithilfe entsprechender Textstellen, die arbeitsteilig zu Hause vorbereitet werden können (vgl. Zusatzmaterial), machen sich die Lernenden zunächst ein Bild vom Aussehen und Auftreten der Märchenwesen und von ihrer Wirkung auf die Menschen, denen sie begegnen. Sie erhalten Arbeitsaufträge, die mithilfe eines Arbeitsblattes arbeitsteilig erfüllt werden. Die altersgerechte Auswahl der Aufgaben bestimmt die Lehrperson. Die Ergebnisse werden von den einzelnen Gruppen vorgetragen, diskutiert und korrigiert.

Aspektanalyse zu den Märchenwesen

Name der zu beschreibenden Märchengestalt:

Zu bearbeitende Textstellen: ....

1. Wie sieht die Gestalt aus und mit welchen Adjektiven wird sie beschrieben?

2. Zu welchen Tageszeiten oder bei welchen Begebenheiten taucht sie im Buch auf?

3. Nenne ihre Tätigkeiten, beachte dabei auch die Verben.

4. Ist diese Gestalt böse oder gut? Beantworte die Frage mit Beispielen.

5. Wie sollte sich der Mensch, der diese Gestalt trifft, verhalten? Gib dafür Beispiele aus dem Buch.

6. Versuche zu erklären, was Astrid Lindgren mit dieser Gestalt zum Ausdruck bringt, was es bedeutet, dass sie Menschen begegnet.

7. Male ein großes Bild von dieser Märchengestalt (du kannst sie auch in eine im Buch beschriebene Situation versetzen).

8. Vergleiche dieses Märchenwesen mit anderen dir bekannten aus Märchen, aus Kinder- und Jugendbüchern (zum Beispiel mit denen in Tolkiens Buch *Der kleine Hobbit)*, aus Märchen und Sagen (zum Beispiel mit den Sirenen, die Odysseus locken) oder auch aus deutschen Balladen (zum Beispiel der *Erlkönig* oder *Der Knabe im Moor)*.

9. Denk dir eine Begebenheit aus, bei der du diese Gestalt triffst. Erzähle genau, wie du dich verhältst. Falls eine Sprechpuppe zur Verfügung steht, kannst du dich auch mit ihr unterhalten. Schreib den Dialog auf.

1. *Bearbeitet die Aufgaben zunächst zu zweit, macht euch Stichpunkte auf einem Zettel oder auf der Rückseite dieses Arbeitsblattes. Formuliert dann einen zusammenhängenden Text in eurem Heft.*

Auch Fächer übergreifendes Arbeiten ist in diesem Zusammenhang geeignet. Nach der Interpretation ausgewählter Textstellen, mit deren Hilfe Vorstellungen von Aussehen und Wesen der Märchenfiguren zu erzielen sind, lässt sich in Zusammenarbeit mit dem Fach Kunst an eine plastische Gestaltung einiger dieser Wesen denken. Die Kinder benutzen sie bei der Räuberaktion wiederum als Sprechpuppen, die sich selbst dem Publikum vorstellen. Eine musikalische Gestaltung ihres kreischenden (Druden), brummenden (Rumpelwichte, Dunkeltrolle), verführerischen (Unterirdische) Gesanges kann in der Zusammenarbeit mit dem Musiklehrer oder der Musiklehrerin reizvoll sein (vgl. das Drudenlied, Zusatzmaterial 10).

3.5 ❐ Natur und Räuberwelt

In der Räuberliteratur wird der Räuber häufig als ein Mensch beschrieben, der seine Freiheit genießt. Sein Aufenthaltsort ist der finstere, undurchdringliche Wald. Er dient als Versteck und zugleich als Hinterhalt. Astrid Lindgren entspricht diesen Topoi weitgehend. Die Mattisburg hinter der Wolfsklamm liegt in einem felsen- und waldreichen Gebiet und gilt als unzugänglich (S. 27f.). Die Räuber freuen sich über den Frühling, weil er es ermöglicht, die Überfälle im Wald wieder aufzunehmen, das heißt, ihre Räuberfreiheit zu genießen. Neben diesem Topos spielt die Natur als Ort der Geborgenheit und des Friedens eine Rolle (vgl. das Leben der Kinder in der Bärenhöhle, S. 146ff., ihre Vertrautheit mit Wald und Weiher, Berg und Tal, S. 19f., S. 25, S. 54ff.). Welche Rolle der Natur in Räubergeschichten zukommen kann, erbringt ein Vergleich mit entsprechenden Ausschnitten aus K. Helds Jugendbuch *Die rote Zora und ihre Bande* oder aus Y. Kemals Roman *Memed, mein Falke* (vgl. Zusatzmaterial 11).

Für die Bande der roten Zora bietet die Natur Schutz vor den Nachstellungen der Erwachsenen. Die Kinder schaffen sich Gänge durch Dornen und Gestrüpp, in die niemand anderes als sie gelangen kann. Hier fühlen sie sich einigermaßen sicher. Aber der Leser lässt sich durch diese Hinweise nicht beruhigen; es bleibt im Gedächtnis, dass hier Kinder herumstreunen und ein weitgehend elendes Leben führen müssen, weil ihnen nicht geholfen wurde, weil keiner der Erwachsenen für sie sorgt, weil sie statt Fürsorge Ausgestoßensein und Verfolgung erdulden müssen.

Y. Kemal beschreibt zu Beginn seines Buches das Gebiet unterhalb des anatolischen Taurusgebirges. Er beschreibt es dem Leser so, als befände sich dieser auf dem Weg von der Küste ins Gebirge, gewönne auf diese Weise einen Überblick und nähme dabei die Eigenarten der unterschiedlichen Landschaftsgürtel wahr. Ziel des Weges ist die mit Disteln übersäte Hochebene Dikenlidüzü, Besitz des Abdi Agas, eines Menschenschinders. Das Kind Memed verbringt seine elende Kindheit mit Arbeit auf den Distelfeldern. Natur wird für ihn zum Inbegriff dessen, was den Menschen quält und ausmergelt. Memeds Kindheit ist Kampf. Kampf mit der harten Natur, Kampf mit dem Aga. Hier liegen die Ursachen dafür, dass er eines Tages Räuber wird.

Könnte die Lektüre des Ronja-Buches den Eindruck erwecken, dass der mutige Mensch in Einklang mit der Natur, das heißt in Frieden leben kann und es von daher nicht nötig hat, andere zu berauben, so wird mit den Auszügen aus den beiden anderen Räuberbüchern Realität greifbar: Räuber zu sein heißt hier keinesfalls nur die Schönheit der Natur zu genießen, in Freiheit zu leben und nach Herzenslust zu stehlen. Es heißt vielmehr mit überaus widrigen Umständen konfrontiert zu werden, mit Unterdrückung, Verfolgung, Vertreibung, mit Wind und Wetter, mit Krankheit, Hunger und Tod. Von der Beschäftigung mit einer solchen Lektüre zur Realität des modernen Räubers ist es nur ein kleiner Schritt. Er sollte gewagt werden.

Liest man *Ronja Räubertochter* mit Zwölfjährigen, liegt eine Auseinandersetzung mit K. Helds Buch nahe. Durch ein Schülerreferat werden die Lernenden mit Autor und Buchinhalt bekannt gemacht. Ein Textauszug kann vorgelesen und zum Vergleich mit Naturdarstellung und Atmosphäre im Märchenroman herangezogen werden.

Y. Kemals Buch scheint für Schüler in der Mittel- und Oberstufe geeignet. Das methodische Vorgehen bei der Analyse des Textausschnittes entspricht dem eben beschriebenen.

Für beide Altersstufen eignet sich der folgende Arbeitsauftrag:

❐ 1. *Arbeiten Sie/arbeite heraus, welche Bedeutung die Natur für den Menschen hat.*

❐ 2. *Welches Licht wirft das hier beschriebene Verhältnis zwischen Mensch und Natur auf das Dasein der Räuber?*

Notizen:

Baustein 4

Ronja und Birk

4.1 ❐ Die Entwicklung der Freundschaft

(vgl. Zusatzmaterial 12)*

Ronja und Birk sind die einzigen Kinder in einer Welt von Erwachsenen. Schon von daher sind sie als Romanfiguren einander zugeordnet. Gleich bei ihrem ersten Treffen erfüllt die beiden Wohlgefallen aneinander. Das wird deutlich an ihrem Lachen: „ [...] und sie lachte leise, weil es ihn gab. Da sah er sie und lachte auch" (S. 32 f.). V. Edström deutet den Topos des Lachens als „Formel der Ausgelassenheit" (a.a.O. S. 304). Man kann in der Deutung noch weitergehen: A. Lindgren benutzt das Lachen wie ein Ausrufungszeichen; es markiert den Prozess glücklichen Entdeckens. (Vgl. S. 19: „Und sie lachte leise, weil es Flüsse und Wälder gab. Es war kaum zu glauben – wahr und wahrhaftig, es gab große Bäume und große Gewässer, und alles war voller Leben, musste man da nicht lachen!" Vgl. auch S. 20, S. 54, S. 149.) Ronja und Birk entdecken sich gegenseitig und sie entdecken sich selbst, sie entdecken, dass Freundschaft Kräfte freisetzt, die stärker sind als Hass und Gewalt, und dass sie einen anderen Weg einschlagen wollen als den, den ihre Eltern und Vorfahren beschritten haben.
Der Beginn der Freundschaft steht unter schwersten Bedingungen; sie ist bis zu ihrer Festigung vielfältigen Bewährungsproben ausgesetzt, deren Schilderung unterschiedlichen Strukturmerkmalen folgt.

Die Überwindung des Höllenschlunds

In der Gewitternacht, in der Ronja geboren wird, zerbirst die uralte Burg. Eine neue Zeit bricht an: Zwei verfeindete Räuberbanden überwinden schließlich mit Hilfe ihrer Kinder ihre Zwietracht. Diese sind nicht gewillt, das Räuberhandwerk weiter zu betreiben, d. h. auf lange Sicht ist es mit der Räuberei vorbei. Birk und Ronja springen über den Abgrund, den Höllenschlund, der sich in der Nacht ihrer Geburt gebildet hat (S. 36 ff.). Das ist mehr als eine Mutprobe. Das ist ein Zeichen der Annäherung zwischen ihnen selbst und den verfeindeten Räuberbanden. Was als mutiges Spiel beginnt, gerät alsbald zur existentiellen Herausforderung. Ronja rettet Birk vor dem Absturz, will sagen, die Feindin wird zur Lebensretterin. Versöhnung erscheint möglich.

Beim Gang in die Verliese (S. 86 ff.) überwindet Ronja den Riss, der durch die Burg geht, zum zweiten Male, diesmal unterirdisch. Sie gräbt sich zu Birk vor und untergräbt damit und durch die Übergabe der Lebensmittel an die Borkasippe die Autorität ihres Vaters. („So weit ist es also mit mir gekommen, dachte Ronja, dass ich die Borkaräuber am Leben erhalte. Gnade mir Gott, wenn Mattis das erfährt!", S. 100.) Ihr Handeln ist Zeichen zunehmender Selbstständigkeit.

Beim zweiten Sprung über den Schlund (S. 130) liefert sich Ronja den Feinden ihres Vaters aus. Sie rettet damit Birk, bekennt sich öffentlich zu ihrer Freundschaft mit ihm und stellt damit das Verhältnis zum Vater auf eine harte Probe (S. 135 f.).

Die Rettung aus den Gefahren des Waldes

Birk und Ronja retten sich abwechselnd und mit zunehmender Vertrautheit bestehen sie gemeinsam Gefahren. Ronja führt Birk durch den Nebel (S. 57ff.), er hält sie fest, als die Unterirdischen locken (S. 60f.). Dem Drudenangriff entkommen sie, weil sie sich gegenseitig Mut zusprechen und helfen. Dass die Freundschaft sich allmählich entwickelt, wird an der sich verändernden Anrede Birks ersichtlich. Zunächst nennt er Ronja „Räubertochter“ (S. 41 u.ö.), das klingt etwas spöttisch und abweisend. Später nennt er sie Schwester und sie ihn Bruder (S. 80), weil Ronja sich das so wünscht. Sie möchte nie mehr ohne ihn leben (S. 78). Die Entwicklung der Freundschaft signalisiert auch der Riemen als Rettungs- und Bindungssymbol. Ronja rettet Birk mithilfe des Riemens vor dem Absturz in den Höllenschlund (S. 38ff.). Als er im Nebel noch einmal ihre Hilfe nötig hat, fordert Ronja eine Riemenlänge Abstand (S. 57). Diese Forderung erhebt auch Birk, als Ronja seiner Hilfe beim Skifahren bedarf (S. 78). Große Nähe halten die Kinder noch nicht aus. Sie müssen erst noch weitere gemeinsame Erfahrungen durchstehen. Als Mattis Birk in seiner Hand hat und ihn seinem Vater am Höllenschlund als Gefangenen präsentiert, behandelt er ihn wie ein gefesseltes Tier und bringt damit seine Macht über die Borkasippe zum Ausdruck: Birk „trug einen Riemen um den Hals, und diesen Riemen hielt Mattis in der Hand, als habe er einen Hund an der Leine.“ (S. 128) Borka behandelt Ronja ebenso, nachdem sie auf seine Burgseite gesprungen ist. Demzufolge erkennt Mattis seinen Machtverlust und lässt den Riemen, „mit dem er Birk gefangen gehalten hatte“, los (S. 130). In diesem Augenblick gehören die Kinder sich selbst. Das manifestiert sich nach ihrem Austausch durch die Väter im Aufbruch zur Bärenhöhle. Von jetzt an benötigen die Kinder den Riemen nicht mehr als Zeichen des Abstands oder äußerer und innerer Bindung, sondern als Werkzeug. Beide benutzen ihre Riemen zum gemeinsamen Pferdefang (S. 108ff.). Ronja opfert ein Stück ihres Riemens für die Sehne ihres Bogens (S. 154).

In einem Unterrichtsgespräch findet zunächst ein Austausch über die Freundschaft zwischen Ronja und Birk statt. Die Lehrperson kann das Gespräch bei jüngeren Schülern und Schülerinnen mit folgendem Impuls eröffnen:

- ❒ *Jungen und Mädchen in eurem Alter wollen häufig nichts miteinander zu tun haben. Bei Ronja und Birk ist das ja völlig anders.*

Es ist anzunehmen, dass im Zuge des Gesprächs die besondere Situation der Protagonisten sowie ihre gegenseitigen Hilfsaktionen zur Sprache gelangen. Textstellen (s. o.) werden zur Klärung und Bestätigung herangezogen. Für jüngere Schüler werden die Ergebnisse des Gesprächs in einer Tafelnotiz gebündelt:

Wodurch zeichnet sich die Freundschaft zwischen Ronja und Birk aus?

- Ronja und Birk kennen keine anderen Kinder. Sie freuen sich deshalb, als sie sich treffen.
- Sie mögen sich auf den ersten Blick, aber die Feindschaft ihrer Väter steht zwischen ihnen.
- Sie helfen sich bei Gefahren und kommen sich dadurch immer näher.
- Ronja rettet Birk vor dem Absturz in den Höllenschlund.
- Ronja führt Birk durch den Nebel.
- Birk bewahrt Ronja vor den Unterirdischen.
- Birk rettet Ronja vor dem Erfrieren.
- Ronja hilft Birk heimlich, als er hungert.
- Sie helfen sich gegenseitig beim Kampf mit den Wilddruden.
- Ronja bekennt sich zu Birk und entzweit sich mit ihrem Vater.
- Die Kinder verlassen ihre Eltern und leben gemeinsam in der Bärenhöhle.
- Ronja und Birk streben ein Leben außerhalb der Räuberwelt an.

Um das Thema mit jüngeren Schülerinnen und Schülern zu vertiefen, werden in einer arbeitsteiligen Gruppenarbeit folgende Fragen schriftlich beantwortet:

❐ 1. *Warum finden Mädchen die Jungen oft blöd (und umgekehrt)?*

❐ 2. *Wann spiele ich nicht mit ihnen?*

❐ 3. *Wann spiele ich mit ihnen?*

❐ 4. *Welche Spiele eignen sich für ein gemeinsames Spiel?*

Als weitergehende Aufgabe dient folgender Schreibauftrag:

❐ *„Mit ... spiele ich nicht mehr!“ Oder: „Ich hätte nie gedacht, dass ich mit ... so gut spielen kann!“*

Die Überschrift wird freigestellt, wenn der thematische Bereich feststeht.

Sollte Peter Härtlings Buch *Ben liebt Anna* bereits besprochen worden sein, liegt ein Vergleich mit dem Märchenroman nahe.

Im Roman wird über die Zukunft der Kinder nur wenig ausgesagt. Sie bekennen sich zwar mutig zu einem Leben ohne Raub und Gewalt, aber es werden kaum Gedanken laut, wie sie dieses Leben zu führen gedenken. Glatzen-Pers Silberberg eröffnet ihnen vielleicht eine sorgenfreie Zukunft (S. 234 f.). Darüber sollten sich die Schülerinnen und Schüler Gedanken machen. Dazu dient der Arbeitsauftrag:

❐ *Gestaltet einen Dialog zwischen Ronja und Birk, in dem sie Pläne für ihre Zukunft schmieden. Die Pläne sollten zu ihren bisherigen Erfahrungen passen. Ihr könnt diesen Dialog in das Gespräch auf Seite 234 einfügen, ihr könnt ihn auch vorspielen.*

Dass der Höllenschlund über den wörtlichen Gehalt hinaus von Bedeutung ist, macht man Neun- bis Zehnjährigen im Ansatz klar, indem man zunächst einmal vom einfachen Wortsinn ausgeht. Der Begriff Höllenschlund wird ganz groß auf Tapetenstücke o.ä. geschrieben und den Kindern vorgelegt. Sie erhalten dazu das Arbeitsblatt 5.

Mit älteren Schülerinnen und Schülern werden die Überwindung des Höllenschlundes und die Handlungen, in denen der Riemen eine Rolle spielt, arbeitsteilig analysiert.

❒ *Lest folgende Stellen (zum Schwerpunkt ‚Höllenschlund': S. 10ff., S. 36ff., S. 48ff., S. 86ff., S. 100, S. 130, S. 135f., zum Schwerpunkt ‚Riemen': S. 38ff., S. 57ff., S. 78ff., S. 128ff., S. 108ff., S. 154) noch einmal und schreibt jeder für sich auf, wie man den Höllenschlund und die Riemenhandlungen deuten kann. Tauscht euren Deutungsansatz mit eurem Nachbarn aus, ergänzt eure Notizen und bereitet einen kleinen Vortrag vor, indem ihr jemanden, der das Buch nicht kennt, von der Bedeutung des Höllenschlundes und des Riemens in Kenntnis setzt.*

Notizen:

Die Bedeutung des Höllenschlundes

1. Unter „Schlund" versteht man einen Abgrund oder eine tiefe Öffnung; auch den Rachen (die Kehle) von Tieren bezeichnet man mit Schlund. Notiert, was Menschen, die *Ronja Räubertochter* nicht kennen, wohl einfällt, wenn sie das Wort „Höllenschlund" hören oder lesen.

2. Malt einen solchen Höllenschlund auf die Tapetenrolle.

3. Überlegt euch, warum Astrid Lindgren den tiefen Riss zwischen den beiden Burghälften Höllenschlund genannt hat. Schreibt dazu einen kurzen Text.

4. Wenn ihr den Film kennt, wisst ihr, dass die Räuberbanden in dem Augenblick, wo sie sich vertragen haben, eine Brücke über den tiefen Graben bauen. Sie suchen nach einem geeigneten Namen für diese Brücke. Es muss mindestens so anschaulich sein wie „Höllenschlund". Gebt ihnen Ratschläge. Schreibt Namen auf, die euch passend erscheinen.

4.2 ❐ Die Botschaft der Liebe
(* mit Einschränkung)

„Passionierte Liebesgeschichten gehören seit jeher zum klassischen Räuberroman. Dieses Buch bezieht nicht nur Spannung, sondern auch Innerlichkeit aus der Romanze zwischen Ronja und Birk." So äußert sich V. Edström über die außergewöhnliche Kinderliebe, die A. Lindgren in Anlehnung an *Romeo und Julia* in ihrem Buch beschreibt.

Auf vielfältige, teils ausdrückliche, teils andeutende Weise (vgl. Zusatzmaterial 12) erfährt der Leser, dass die Freundschaft zwischen Ronja und Birk mehr ist als nur eine vorübergehende Kinderfreundschaft. Lovis beobachtet und weiß Bescheid. „Die beiden (...) sahen einander an, als wären sie allein, hier an der Wolfsklamm und auf der Welt" (S. 134). Auch Undis, Birks Mutter, muss widerwillig erkennen, dass die Tochter der Feinde zu Birk gehört. („‚Sie ist meine Schwester', wiederholte Birk und sah Ronja an. ‚Schwester!', kreischte Undis. ‚Ha, was daraus in ein paar Jahren wird, das weiß man ja!'", S. 135.) Ihre wachsende Gemeinsamkeit wird durch die Gestaltung ihres Lebens in der Bärenhöhle zum Ausdruck gebracht. „Ohne dass man sich in allzu tiefenpsychologische Deutungen verliert, zu denen die Grotte förmlich einlädt, stellt man fest, dass Astrid Lindgren das Leben dort als einen Strom ursprünglicher Gefühle schildert." (Edström, V.: a.a.O. S. 306) Die Kinder richten sich in der bergenden Höhle ein wie Robinson auf seiner Insel. Sie leben für sich und im Einklang mit der Natur. Sie lernen, wie Erwachsene für ihren Unterhalt zu sorgen. Birk entfacht und schürt das Feuer. Gemeinsam schaffen sie Nahrungsmittel herbei, gemeinsam fertigen sie Gegenstände für den täglichen Bedarf an und bestehen Gefahren. Ronja singt bei Tagesende das Wolfslied ihrer Mutter. Die beiden „spielen" im Sommer Mann und Frau. Der sinnlose Streit um ein verlegtes Messer mutet fast wie ein Sündenfall an, denn dieser Streit gefährdet ihr Zusammenleben auf ihrer ‚Insel', in ihrem ‚Paradies'. Aber die Kinder wachsen an dem Streit; er macht ihnen bewusst, dass ihre Dimensionen nicht Trotz, Hass und verletzende Worte sind, sondern Rücksichtnahme, Hilfsbereitschaft und Frieden. Sie erkennen, wie sehr sie den anderen brauchen um im Einklang mit sich und der Natur leben zu können: „Der Frühlingsabend war schön wie ein Wunderwerk Gottes, aber Birk merkte es nicht. Er nahm die Düfte des Abends nicht wahr und hörte nicht den Vogelgesang, er sah nicht die Gräser und Blumen, er spürte nur, wie die Traurigkeit in ihm schmerzte." (S .164) Ihr Streit ist mehr als ein Kinderstreit. Es ist ein Streit, an dem sie lernen, dass sie zusammengehören. Birk rennt hinter Ronja her, als ginge es um sein Leben. Die Erzählerin wählt das Mittel der erlebten Rede, um die Gedanken zu fassen, die Birk auf der fieberhaften Suche nach Ronja durch den Kopf jagen. Dabei wird ihm klar, wie sehr er Ronja liebt: „Ja, gleich auf den ersten Blick hatte er sie gern gehabt. Doch das wusste sie nicht. Auch das hatte er ihr nie gesagt. Und jetzt war es zu spät. Von nun an würde er allein in der Grotte leben müssen. Zusammen mit seinem Messer ..." (S. 162f.).

A. Lindgren lässt elfjährige Kinder wie erwachsene Liebende denken und fühlen. (Es ist bekannt, dass ihre Mutter so alt war wie Ronja, als ihr Vater sie zu lieben begann!): „Und obwohl keiner von beiden auch nur ein Wort verstehen konnte, sprachen sie miteinander. Über Dinge, die gesagt werden mussten, ehe es zu spät war. Darüber, wie gut es war, jemand so zu lieben, dass man selbst das Schwerste nicht zu fürchten brauchte" (S. 190). Besonders eindrucksvoll ist die Szene gestaltet, in der zum Ausdruck kommt, wie schwer es Ronja fällt, sich zwischen ihrem Elternhaus und Birk zu entscheiden (S. 208ff.). Bei der Reaktion Ronjas auf

Mattis' Bitte in die Burg zurückzukehren, wechselt der Erzähler ständig zwischen Außen- und Innensicht und deutet dabei die Liebe der Kinder mit Hilfe innerer Monologe an: „Birk, mein Bruder, woran denkst du, wenn du so aussiehst? [...] Ronja, du weißt nicht, wie weh es tut, aber geh! Geh schnell! Geh gleich!"

In der Filmbesprechung der Neuen Zürcher Zeitung wird darüber Bedauern ausgedrückt, dass im Film „aus der Liebesgeschichte zwischen Ronja und Birk – einer Beziehung von erotischem Verlangen, wie sie nicht so leicht in einem Jugendbuch zu finden sein wird – eine bloße Kinderfreundschaft geworden ist" (Neue Zürcher Zeitung, a.a.O.). Das ist aus der Sicht eines Erwachsenen gedacht. Es erscheint fraglich, ob man angesichts derer, für die das Buch geschrieben wurde, dieses Bedauern teilen soll. Kinder schätzen Ronjas und Birks Freundschaft, ihre Freiheit, die Bewährungsproben, die Aufregungen mit den Naturgeistern, auch die Räuberromantik. Dass das Buch *Ronja Räubertochter* die Botschaft der Liebe weitergibt, merkt der Leser auch ohne die Liebesgeschichte, aber er durchschaut als Erwachsener, dass erst durch die Liebesgeschichte eine völlige Gegenwelt zu der der Räuber aufgebaut wird. Bei den Räubern herrscht Grobheit und Härte, ja Brutalität. Die Liebe dieser Kinder ist zart, fast innig. Mit solchen Gegensätzen umfasst die Autorin das ganze volle Leben wie mit dem Kreislauf von Geburt und Tod und dem Wechsel der Jahreszeiten. Erst mit der Liebesgeschichte wird die Utopie vom menschlichen Dasein ohne Streit und Kampf, Missgunst und Raub zur Sehnsucht des Lesenden.

Es hängt vom Alter der Lernenden ab, wie weit man ihnen das Besondere dieser Kinderliebe klar machen wird. Erfahrungsgemäß unterscheiden die meisten der jüngeren Schülerinnen und Schüler nicht zwischen Freundschaft und Liebe, weil sie diese Thematik noch nicht interessiert. Hier sollte man keine Erkenntnis erzwingen, stattdessen genau hinhören, was den Lernenden bedeutsam erscheint und dementsprechend aus den folgenden Angeboten auswählen:

4.2.1 Das Leben in der Bärenhöhle*

Ein guter Weg, um im weitesten Sinne auf das Besondere dieser Beziehung hinzuweisen, ist das Nachdenken über die Art und Weise, wie diese beiden Kinder alleine in der Bärenhöhle leben, füreinander einstehen und schließlich erfahren, dass Streit nicht nur ihre eigene Beziehung trübt, sondern auch die zu ihrer Umgebung.

Das elfte Kapitel wird in der Schule oder in einer vorbereitenden Hausaufgabe in Auszügen noch einmal gelesen (zum Teil vielleicht auch vorgelesen). Nach der Lektüre leitet die Lehrperson mit folgendem Arbeitsauftrag zum Unterrichtsgespräch über:

❐ *Beschreibt, wie die Kinder in der Bärenhöhle leben.*

Ein Textimpuls lenkt das Augenmerk auf die Härte des Alltags und ihre ihnen Kraft spendende Gemeinsamkeit: „Sie sahen sich an und lachten. Ihr Leben in der Bärenhöhle würde hart werden, das wussten sie, doch das nahm ihnen nicht den Mut" (S. 148).

Ein produktionsorientierter Schreibauftrag involviert die Rezipienten in das Geschehen und zwingt dazu, die Textaussagen genau zu beachten.

❐ *1. Stell dir vor, du lebtest mit Birk und Ronja in der Bärenhöhle. Welche Arbeiten könntest du verrichten, wo wärst du völlig hilflos?*

❐ *2. Was geht dir vor dem Einschlafen durch den Kopf, wenn du unter einer Felldecke auf deinem Reisigbett liegst?*

4.2.2 Der Streit um das Messer*

Nach der Lektüre des zwölften Kapitels werden die Lernenden angehalten darüber nachzudenken, wie man, wäre man bei dem Streit um das Messer dabei, verhindern könnte, dass Ronja und Birk so rücksichtslos miteinander umgehen. Das geschieht mithilfe eines kleinen Rollenspiels. Zu seiner Vorbereitung eignet sich der Arbeitsauftrag:

❒ *Es fällt einem schwer zu glauben, dass Kinder, die sich so gut verstehen wie Ronja und Birk, wegen eines Messers in einen schlimmen Streit geraten. Stellt euch vor, einer/eine von euch wäre Zeuge dieser Auseinandersetzung. Was könnte diese Person im Verlauf des Streites sagen um Frieden zu stiften? Macht euch Notizen, spielt diesen veränderten Streitverlauf und diskutiert mit der Klasse darüber.*

4.3 ❒ Die Lösung vom Elternhaus

(Dieses Kapitel ist überwiegend für ältere Schülerinnen und Schüler geeignet)

Ronja beginnt sich in dem Augenblick vom Elternhaus zu lösen, als sie die Wahrheit über die Raubüberfälle erfährt. Ihr Vaterbild gerät ins Wanken (S. 62 ff., zu weiteren Textstellen vgl. Zusatzmaterial 13), noch bevor sie sich mit dem Sohn des Erzfeindes befreundet. Die Beziehung zu Birk und damit verbunden die andere Einschätzung der Borkasippe bedingt zunehmende Distanzierung vom Vater. Die Kinder lösen sich aus zweierlei Gründen von ihrem Elternhaus. Zum einen verabscheuen sie das Räubertum, weil es das Leid unschuldiger Menschen bedingt. Zum anderen sind sie mit der Haltung gegenüber der anderen Räuberbande nicht einverstanden, weil sie sich lieben.

Auf Seiten Ronjas gipfelt der Ablösungsprozess zunächst in ihrem Sprung über den Höllenschlund auf die Borkaseite, einem mutigen Bekenntnis zu Birk. Ging der Prozess der Ablösung bislang von Ronja aus, so führt dieser Sprung dazu, dass sich Mattis seinerseits von seinem Kind lossagt.

Ronja verlässt die sichere Welt ihrer Kindheit, als sie zur Höhle, zu Birk, aufbricht. In der Höhle lernen die Kinder selbstständig zu leben. Sie werden erwachsen. Obwohl sie auf der Suche nach einem neuen Lebenskonzept ohne Räubertum sind, bleiben bisherige Prägungen bedeutsam. Ronja denkt bis in ihre Träume an ihre Eltern (S. 155). Sie hat ihren Vater ständig vor Augen (S. 157). Als die Kinder einen Namen für die gerettete Stute suchen, erinnert sich Ronja bezeichnender Weise an die Stute Lia, die ihr Vater einst besaß (S. 167). In der Höhle übernimmt Ronja die Rolle ihrer Mutter. Man kann die Höhle „als Zentrum der Initiation in die Erwachsenenwelt verstehen, doch auch als eine Welt, in der die Kinder durch Träume und Erinnerungen mit ihrem Unterbewussten Kontakt aufnehmen. Ronja wächst in ihre weibliche Identität und imitiert nicht mehr ihren Vater, sondern ihre Mutter. Sie sammelt Heilkräuter und essbare Pflanzen aus dem Wald genau wie die Mutter und die Stimme der Mutter geht in ihre Stimme über. ‚Jetzt hast du wohl ganz und gar den Verstand verloren', sagt sie schüchtern zu Birk und ahmt dabei die Liebesworte von Lovis an Mattis nach." (Edström, V.: a.a.O. S. 306)

Das Leben in der Bärenhöhle trägt Spuren beginnender Adoleszenz. Darüber hinaus kann man an dieser Episode besonders gut merken, dass es sich bei diesem Roman in Ansätzen auch um eine „Aussteigergeschichte" handelt (vgl. A. Odry, a.a.O.). Die Kinder erproben in ihrem gemeinsamen Leben friedliches

Zusammenleben mit allem, was sie umgibt. Sie haben die Utopie einer besseren Zukunft vor Augen.

Der Ablösungsprozess ist mit Enttäuschungen (S. 116f.), innerer Zerrissenheit (S. 147f., S. 155, S. 193ff.), ja sogar mit Krankheit (S. 82ff.) verbunden, mit Hassgefühlen (S. 123, S. 127) und Abwendung von all dem, was bislang Geborgenheit (S. 141ff.) verhieß. Als er durchgestanden ist, begegnen sich Vater und Tochter als verwandelte Menschen. Der Vater erkennt an, dass Ronja ihren eigenen Weg gehen muss (S. 206f.) und Ronja weiß, dass ihr eigentlicher Platz an Birks Seite ist (ebd.). Umgekehrt weiß auch Birk, dass er zu Ronja gehört. Dieses Wissen ist nicht sofort da, sondern wird in Auseinandersetzungen erworben (S. 120f., S. 159ff., S. 193ff., S. 208f., S. 210). Beide Kinder wollen für sich eine Zukunft ohne Räubertum (S. 226f., S. 234).

Die Lehrperson beginnt diese Einheit mit der Etikettierung dieses Romans als Aussteigergeschichte und fordert die Schülerinnen und Schüler auf, diese Bezeichnung für den Roman zu überprüfen. Es ist anzunehmen, dass im nachfolgenden Unterrichtsgespräch das Nein der Kinder zum Zwist der Räuberbanden, zum Räubertum überhaupt und der Versuch, miteinander neue Wege zu gehen, zur Sprache gelangen. Mit Hilfe des Zusatzmaterials 13 teilt die Lehrperson einzelnen Schülergruppen ausgewählte Textstellen zur Bearbeitung zu. Sie erhalten folgenden Auftrag:

❒ *Lest vorliegende Textstellen und arbeitet heraus, in welchem Zusammenhang sie mit dem Prozess der Ablösung stehen.*

Die Ergebnisse werden vorgetragen und mit Hilfe von Folien gesichert. Dazu dient die Arbeitsanweisung:

Entwerft ein Schaubild, das die Stationen der Ablösung und den Gewinn eines neuen Standpunktes verdeutlichen hilft. Ihr könntet z. B. den Prozess mit Hilfe einer Parabel nachzeichnen, mit geometrischen Figuren unterschiedlicher Farbgebung.

Der Höhepunkt des Ablösungsprozesses ist der Aufbruch der Kinder in die Bärenhöhle. Sie verlassen die Geborgenheit des Elternhauses und müssen sich ein eigenes „Heim" (S. 146) schaffen. Um die Schülerinnen und Schüler möglichst nah an den Aufbruch und das mit ihm verbundene Wagnis heranzuführen, erhalten sie folgende schriftliche Aufgabe:

❒ *1. Lies noch einmal die Seiten 141ff.*

❒ *2. Als Ronja Birk vor der Bärenhöhle erreicht, hat sie das Bedürfnis, ihm genau zu erzählen, was sie auf dem Weg zu ihm beim Gang durch den nächtlichen Wald dachte, was sie bewegte, was für ihre Entscheidung, die Eltern zu verlassen, wichtig war. Versetz dich in Ronjas Lage. Erzähl Birk, was ihr alles durch den Kopf ging, als sie die Bäume sah, den Weiher.*

Die Ergebnisse werden vorgestellt. Es besteht auch die Möglichkeit die Zusatzmaterialien 14 und 15 zu präsentieren und zur Diskussion zu stellen.

Notizen:

Baustein 5 Die Botschaft des Friedens

Ronja und Birk streben ein Leben jenseits des Räubertums an und verwirklichen ihr Streben bereits im Jetzt, indem sie sich gegenseitig in Gefahren beistehen, sich darauf aufmerksam machen, wenn das Verhalten in einer bestimmten Situation ichbezogen und disharmonisch ist (vgl. Birks Belehrung: „Der Wald gehört allen“ (S. 55f.) oder Ronjas Kritik an ihm, als er sich Lovis gegenüber verschließt (S. 194)). Aber auch andere Personen legen ein Verhalten an den Tag, das dem Frieden dient. Glatzen-Per mahnt zur Versöhnung mit der Borka-Sippe und erhält darin von Ronja Unterstützung (S. 216ff.). Lovis tröstet, verbindet Wunden, schlichtet Streit (z.B. S. 115, S. 126f.), ohne weibliche Unterwürfigkeit, sondern aus gefestigter Grundüberzeugung von ihrer Aufgabe für die Menschen ihres Umkreises.

Die Botschaft des Friedens wird besonders durch die vielen Naturschilderungen überbracht, die den Eindruck von Schönheit und Ordnung vermitteln. Astrid Lindgren schildert eine Landschaft, die sie liebt, die ihr zur Grunderfahrung wurde, auf die sie in vielen ihrer Bücher zurückgreift, eine Landschaft, die im Lauf der Jahreszeiten ihr Gesicht verändert und den Rhythmus des Menschen bestimmt. Der Mensch soll sich der Natur zugehörig fühlen, als wäre er ein Teil von ihr. Natur ist ein Ort, an dem man sich bewähren muss, indem man ihn bewusst und mutig, aber auch rücksichtsvoll erlebt. Die Botschaft des Friedens wird ferner eindrücklich durch den Kontrast zur Welt der Räuber, zu ihrer Rauheit und zu ihren Überfällen.

Im Rahmen der einzelnen Bausteine ist von Astrid Lindgrens Friedensutopie in Ansätzen wiederholt die Rede gewesen. Es ist Anliegen dieses Bausteins, die Friedensbotschaft durch zusätzliche Texte zu akzentuieren, und zwar im Blick auf das „Romeo-und-Julia-Motiv“ und im Blick auf Astrid Lindgrens Rede *Niemals Gewalt*, einer Rede, die sie bei der Verleihung des Friedenspreises des Deutschen Buchhandels 1978 hielt.

5.1 ❒ Das Romeo-und-Julia-Motiv

Astrid Lindgren zeigt mit ihrem Buch, dass Liebende sich mit der Feindschaft ihrer Väter nicht abfinden müssen, sondern dass ihnen selbst Wege offen stehen, Frieden zu schaffen, sich auf eine gemeinsame Zukunft auszurichten. Im Märchenroman kommt es nicht zu tragischen Verstrickungen, nicht zur Tötung eines Verwandten durch die männliche Hauptperson. Von daher ist Versöhnung möglich ohne den Untergang der Protagonisten. Die Friedensbotschaft, selbst wenn sie im Gewand eines Märchens begegnet, erscheint umsetzbar.

Da der Film „Romeo und Julia“ mit Leonardo di Caprio und Claire Danes vielen Jugendlichen bekannt ist, kann man davon ausgehen, dass sie das Schicksal dieser Liebenden mit dem Ronjas und Birks vergleichen können. Um Kenntnisse aufzufrischen oder zu vermitteln und um wenigstens an einer Stelle mit dem Originaltext bekannt zu machen, erhalten die Schülerinnen und Schüler eine Inhaltsangabe des Dramas (vgl. Zusatzmaterial 16), mit der sie sich zu Hause vertraut machen können, und den Dramenschluss (vgl. Zusatzmaterial 17). Der

Schluss wird in verteilten Rollen in der Schule gelesen, dabei werden Unklarheiten beseitigt und Möglichkeiten dramatischer oder filmischer Umsetzung erwogen. Um den Vergleich mit dem Märchenroman durchführen zu können, erhalten die Lernenden folgende Schreibaufgabe:

❒ *Arbeite/Arbeiten Sie heraus, wie es zur Versöhnung der zerstrittenen Familien kommt, und zeige/zeigen Sie die Unterschiede zum Roman Ronja Räubertochter auf.*

Die Ergebnisse werden ausgetauscht und auf Folie gesichert.

Die Versöhnung der Familien und das Schicksal der Liebenden

Shakespeare: Romeo und Julia	*Astrid Lindgren: Ronja und Birk*
– Die Liebenden treffen sich heimlich und lassen sich trauen.	– Die Kinder treffen sich heimlich.
– Die Liebenden müssen sich nach kurzer Zeit trennen, weil Romeo einen Angehörigen des Hauses Capulet im Zweikampf tötete und verbannt wurde.	– Die Kinder haben Zeit ihre Freundschaft und Liebe zu festigen. Ihretwegen wird kein Mensch getötet.
– Die Eltern wissen nichts von der Liebesbeziehung der Kinder, haben also auch keine Möglichkeit, sich mit der Situation vertraut zu machen.	– Ronja und Birk bekennen sich öffentlich füreinander. Die Eltern haben Zeit, sich mit der Situation auseinander zu setzen.
– Julia soll gezwungen werden, den Grafen Paris zu heiraten. Sie willigt zum Schein ein.	– Ronja und Birk lassen sich zu nichts zwingen; sie verlassen das Elternhaus.
– Aufgrund tragischer Verblendung töten sich die Liebenden.	– Die Kinder streben ein neues Lebenskonzept, eine neue Zukunft an.
– Die Familien Capulet und Montague schließen am Sterbeort ihrer Kinder Frieden.	– Die Familien Mattis und Borka schließen nicht zuletzt wegen der Freundschaft ihrer Kinder Frieden.

5.2 ❒ Die Friedensrede Astrid Lindgrens

(Zusatzmaterial 18)

Astrid Lindgren hebt in dieser Rede die Bedeutung der Friedenserziehung hervor. Ihr als Kinderbuchautorin geht es um eine Zukunft ohne Gewalt. Auch wenn das eine Utopie ist, lohnen sich kleine konkrete Schritte auf dem Wege zu diesem unerreichbaren Ziel, weil schon kleine Schritte die Welt verändern.

Die Kerngedanken der Rede sind folgende:

Frieden ist kein Zustand, sondern eine Hoffnung; denn das Leben der Menschheit ist von Kriegen und Kriegsfurcht bestimmt. Das gilt heute besonders (S. 81, Z. 14-26).

Abrüstungen erwartet man immer von anderen. Aufrüstungen bestimmen das gegenwärtige Leben (S. 81, Z. 27-45).

Angesichts dieser Situation stellen sich existentielle Fragen nach dem Wesen des Menschen, nach Möglichkeiten seiner grundsätzlichen Änderung, nach Gewaltverzicht (S. 81, Z. 46-56).

Ein Neubeginn muss bei Kindern einsetzen. Sie werden die Zukunft bestimmen (S. 81, Z. 57-76).

Kriege sind häufig auf Entscheidungen machthungriger Einzelner zurückzuführen. Aber auch ihre Verhinderung geht manchmal auf einen Einzelnen zurück. Es sind Einzelne, die „die Geschicke der Welt" bestimmen (S. 81, Z. 77-101).

Ob ein Mensch soziale Verantwortung trägt oder egoistisch ist, ist nicht nur eine Frage der Anlage, sondern der Erziehung (S. 81, Z. 101 - S. 82, Z. 133).

Die Ursachen für Gewalt lagen häufig in einer Erziehung, der es darauf ankam, den Willen des Kindes zu brechen. Das bezeugt die Literatur. Diktatoren haben mit ziemlicher Sicherheit eine tyrannische Erziehung genossen (S. 82, Z. 133-165).

Erst in unserem Jahrhundert werden Kinder partnerschaftlich erzogen (S. 82, Z. 165-171).

Die gegenwärtigen Forderungen nach Rückkehr zu früheren Erziehungsmethoden ist abzulehnen; denn Gewalt erzeugt „immer wieder Gewalt" (S. 82, Z. 172-190).

Gewaltfrei zu erziehen heißt nicht ohne Normen und Einschränkungen zu erziehen (S. 82, Z. 191 - S. 83, Z. 211).

Eine Erziehung mit Gewalt erzeugt Leiden (S. 83, Z. 212-239).

Eine Zukunft ohne Gewalt ist zwar eine Utopie. Trotzdem lohnt es sich, sich diesem Ziel mit kleinen Friedensbeiträgen zu nähern (S. 83, Z. 240-262).

Wie Astrid Lindgren in dieser Rede ihren Zuhörern begegnet, sei an einigen Textformanten exemplifiziert: Sie bezeichnet sie in der Anrede als ihre Freunde; das signalisiert Nähe, Gleichheit der Gesinnungen. Sie stellt sich selbst als eine durch den Friedenspreis reich beschenkte, überaus beglückte Person dar und bringt mit entsprechenden Hyperbeln ihren Dank zum Ausdruck (vgl. die Formulierung „Der Friedenspreis [...] strahlt einen solchen Glanz aus und ist eine so hohe Auszeichnung, dass es einen fast überwältigt", Z. 2. ff.). Im Gegensatz dazu steht ihre Bescheidenheit, ihr tastendes Herangehen an die Friedensproblematik (vgl. den Hinweis auf viele bedeutende Vorredner und die daran anschließende Frage: „Was könnte ich wohl sagen, das nicht andere vor mir besser gesagt haben?" (Z. 5ff.)).

In die Überlegungen über den Gegenstand Frieden bezieht Astrid Lindgren ihre Zuhörer mit ein, indem sie nach allgemein gehaltenen Ausführungen die Personalpronomen „wir" und „uns" verwendet (S. 81, Z. 17, 21, 39, 41, 46 u.ö.) und indem sie wieder auf sich als Betroffene zurücklenkt (Z. 32). Sie verleiht den Ausführungen über die gegenwärtige missliche Situation mit Anaphern (Z. 32f.) und Frageketten (S. 81, Z. 46-56) Nachdruck. Diese Stilmittel verwendet sie auch, als sie auf die Bedeutung der Erziehung zu sprechen kommt (S. 81, Z. 101 - S. 82, Z. 104). In dem Augenblick, als sie die Bedeutung der Kinder für den Friedensprozess zum Thema macht, betont sie ihre Autorität. Sie hebt hervor, dass sie „Kinderbuchautorin", also kompetent sei, was die Sache der Kinder betrifft (S. 81, Z. 58ff.). Sie leitet Überlegungen mit kurzen Hauptsätzen ein, in denen das Personalpronomen „ich" in Spitzenstellung steht: „Ich glaube", „Ich möchte", „Ich erinnere mich" (S. 81, Z.57, 62, 77).

Den Schülerinnen und Schülern wird zunächst nur der erste Teil der Rede ausgehändigt (bis S. 82, Z. 133). Sie erhalten folgende Aufgabe:

❒ 1. *Arbeiten Sie/Arbeite die Kerngedanken der Rede schriftlich heraus.*

❒ 2. *Zeigen Sie auf/Zeige auf, mit welchen rhetorischen Mitteln Astrid Lindgren ihre Ausführungen unterstreicht und ihre Zuhörer fesselt.*

Die Lehrperson informiert die Lernenden darüber, dass der bislang bearbeitete Text nur ein Redeausschnitt sei. Sie fordert zum Nachdenken darüber auf, welche Schwerpunkte die Fortsetzung der Rede im Blick auf die bisherigen Ausführungen aufweisen könnte.

Der zweite Teil der Rede kann auch Grundlage für eine Klausur oder eine schriftliche Hausaufgabe sein (je nach Altersstufe sind Kürzungen zu erwägen). Die Aufgabenstellung ist folgende:

❒ 1. *Erarbeiten Sie/Erarbeite die Kerngedanken der Rede.*

❒ 2. *Setzen Sie/Setze die Rede fort, indem Sie verdeutlichen/du verdeutlichst, wie Astrid Lindgren ihr in der Rede verfolgtes Anliegen mit dem Jugendbuch Ronja Räubertochter umsetzt. Sie können/Du kannst bei Ihrer/deiner Zuhörerschaft voraussetzen, dass sie das Buch kennt.*

Das Buch *Ronja Räubertochter* eignet sich auch dazu, unter dem Aspekt „Das starke Kind“ betrachtet zu werden. Eine entsprechende Unterrichtsreihe zu Büchern von Astrid Lindgren (z. B. Kalle Blomquist, Pippi Langstrumpf, Michel aus Lönneberga) hilft dazu, den Standort des Kindes in der Welt der Erwachsenen zu bestimmen, Voraussetzung für jede Ichfindung, jedes Erziehungskonzept, für das Gemeinwohl. Astrid Lindgren behandelt dieses Thema vielfältig, humorvoll und erfreulich aufmüpfig. Konservative Mädchenbücher könnten in einer solchen Reihe, die man vielleicht in Freiarbeit gestaltet, zum Kontrast herangezogen werden.

Notizen:

Astrid Lindgren. Kurzbiografie

Astrid Lindgren (Bilderdienst Süddeutscher Verlag)

Astrid Lindgren wurde am 14.11.1907 in Näs bei Vimmerby geboren. Sie hatte drei Geschwister, mit denen sie eine unvergessliche Kindheit verbrachte. Das, was Astrid Lindgren auf dem Bauernhof ihrer Eltern zusammen mit Geschwistern, Knechten und Mägden bei Arbeit und Spiel erlebte, blieb für sie ein Leben lang prägend und ging in vielfältiger Form in ihre Bücher ein. Astrid Lindgrens Vater Samuel August Eriksson war ein heiterer Mann, erfolgreich als Landwirt und besorgt um das Wohl seiner Familie. Er konnte einprägsame Geschichten erzählen. Seine Frau Hanna, von frommem und energischem Wesen, war seine Kinderliebe. Er war ihr bis in das hohe Alter zugetan. Wenn Ronja erstaunlich zeitig zu einem sehr selbstständigen Menschen heranwächst, weil ihr ihre Eltern Geborgenheit geben und sie sich dennoch frei entwickeln lassen, so entspricht das den Vorstellungen, die Astrid Lindgren aufgrund eigener Erfahrungen von Erziehung hat.

Obwohl den Kindern auf dem elterlichen Gut viel Freiheit gewährt wurde, wurden sie doch zu regelmäßigen Arbeiten angehalten. Sie waren wie die Knechte und Mägde eingegliedert in den Rhythmus des Hofes, den Jahreszeiten und Festen folgend, mit Markttagen, Besuchen, Kirchgängen.

Astrid Eriksson war eine gute Schülerin. Sie las viel, schrieb beachtliche Aufsätze und beendete die Mittelschule 1923 mit einem guten Abschlussexamen.

Mit 18 Jahren wurde Astrid Eriksson schwanger. Sie gebar ihren Sohn Lars fernab in Kopenhagen und gab ihn schweren Herzens in Pflege, damit sie ihre Ausbildung als Sekretärin abschließen und Geld verdienen konnte.

1931 heiratete Astrid Eriksson Sture Lindgren. Jetzt konnte sie ihren Sohn zu sich nehmen. 1934 wurde ihre Tochter Karin geboren. Die Ehe mit Sture Lindgren währte nur bis 1952; Astrid Lindgren wurde also schon mit 45 Jahren Witwe. Sie lebt noch heute in der Wohnung, die sie mit ihrem Mann 1941 bezogen hatte.

Genau wie sie es als Kind erlebt hatte, so hielt sie es auch mit ihren Kindern. Sie verschaffte ihnen eine glückliche Kindheit, spielte mit ihnen und erzählte ihnen viele ausgedachte Geschichten. Pippi Langstrumpf entstand auf diese Weise. Man ermunterte sie zur Veröffentlichung, aber sie erhielt eine Absage. Zur selben Zeit wurde ihr für den Roman „Britt-Mari" eine Auszeichnung zuteil. Das machte ihr Mut. Sie reichte Pippi Langstrumpf in überarbeiteter Form noch einmal ein und – ihr Erfolg als Kinder- und Jugendbuchschriftstellerin begann.

Eine glückliche Familie: Astrid (3. v. l.) mit ihren Eltern Hanna und Samuel August Eriksson sowie den Geschwistern Gunnar, Stina und Ingegerd (Oetinger)

Astrid Lindgren (dpa)

Das widerspenstige Mädchen Pippi lebt so, wie Kinder es sich vorstellen, wenn sie mit Geboten und Verboten der Erwachsenen in Konflikt geraten. Pippi isst, was sie will, kleidet sich nach eigenem Geschmack, hält es mit der Ordnung nicht genau, weiß sich stets zu helfen, verfügt über außergewöhnliche Kraft, denkt sich unglaubliche Geschichten aus und ist dabei sehr glücklich. Es macht ihr Spaß die hohle Welt mancher Erwachsener zu entlarven, ja, sie hereinzulegen. Obwohl auf das Buch ein überwiegend positives Echo zu hören war, erregte es bei manchen Erwachsenen große Bedenken. In Frankreich zum Beispiel kam es nur in ‚gereinigter' Form auf den Markt. Es wird dort noch heute weniger gelesen als in Deutschland.

In den folgenden Jahren schrieb Astrid Lindgren eine Fülle von Büchern; sie verfasste Drehbücher, empfing Besuche, korrespondierte, erhielt viele Ehrungen und Preise, erhob ihre Stimme sogar zu innenpolitischen Problemen wie Tierschutz oder Steuerhöhe.

Ihre bekanntesten Bücher sind neben den drei Pippi-Bänden, die Detektivgeschichten über Kalle Blomquist (1950-1954), Wir Kinder aus Bullerbü (1954 und 1955), Mio, mein Mio (1955), Karlson vom Dach (1956), Rasmus und der Landstreicher (1956), Die Kinder aus der Krachmacherstraße (1957), Michel in der Suppenschüssel (1963), Ferien auf Saltkrokan (1964), Michel aus Lönneberga (1972), die Brüder Löwenherz (1973), Das entschwundene Land (1975), Ronja Räubertochter (1981), Im Land der Dämmerung (1993). Ihr Werk umfasst mehr als hundert Titel und wurde in etwa 70 Sprachen übersetzt (vgl. P. Josting, a.a.O. S. 11).

Was Astrid Lindgren besonders am Herzen liegt, formuliert sie in der Rede, die sie hielt, als sie 1978 den Friedenspreis des Deutschen Buchhandels empfing: Es ist der Friede der Menschheit, eine Utopie, wie sie betont. Aber ein Schritt auf dem Wege zu diesem unerreichbaren Ziel ist der verantwortungsvolle Umgang mit Kindern. Astrid Lindgren zeigt, wie Kinder leben wollen und wie sie leben sollten in ernsten und heiteren Situationen. Ihre Bücher kreisen um Alltäglichkeiten und Fantastisches. Sie berühren existentielle Fragen wie Einsamkeit, Krankheit, Liebe und Tod.

Astrid Lindgren will eine Kinder- und Jugendbuchautorin sein, aber sie wird auch von vielen Erwachsenen gelesen und geschätzt.

Tage Danielsson

Ronja Räubertochter. Das Buch zum Film

Modellburg im Filmstudio (Denise Grünstein / Joachim Strömholm)

Er macht das Dach nicht kaputt, er setzt es aus passenden Teilen zusammen, damit die Burg einstürzen und genau mittendurch bersten kann, als der Blitz einschlägt.

So etwas kann ein Riese ohne weiteres, das weißt du doch, Rumpelwicht, denn du kriechst ja im Wald zwischen Riesenfindlingen und Riesenbäumen herum.

Aber Scherz beiseite, nicht Ulf ist so groß, sondern die Burg ist so klein. Es ist eine Modellburg, die in einem Studio gebaut wurde. Wir stellten die Kamera auf ein Gerüst, und zwar ein gutes Stück entfernt von dem großen, »echten« Unterteil der Burg oben auf dem Sörknatten. Zwischen die Kamera und das große Unterteil steckten wir das kleine Modell vom Oberteil der Burg auf eine lange Stange. Dann fügten wir Oberteil und Unterteil so zusammen, dass es, wenn man durch die Kamera guckte, aussah, als sei es eine ganze, heile Burg. Vergleicht man das mit deinem Fingerturm, dann ist die Kamera dein Auge, das Aufsatzmodell (das Oberteil der Burg) entspricht deinem Zeigefinger, und das Unterteil der Burg ist dann das Haus, auf dem dein Riesenfinger steht.

Rumpelwicht

Auf diese Weise erspart man sich die Mühe, eine ganze große Burg zu bauen. Stell dir bloß mal vor, du hättest so einen Riesenfinger, wie du ihn auf das Haus gestellt hast, wirklich bauen müssen! Besonders leicht wäre das nicht gewesen.

Der Baum, den du auf dem mittleren Bild siehst, ist so aufgestellt worden, dass er die Stange verdeckt, an der das Aufsatzmodell befestigt ist. Denn es wäre ja zu dumm, wenn da eine lange Metallstange im tiefsten Mittelalter herumstehen würde.

Auf der nächsten Seite siehst du, was die Kamera sah: ein Einzelbild aus dem Film. Hier sind Mo-

Fotos von den Dreharbeiten
(Denise Grünstein / Joakim Strömmholm; Rune Ericsson)

dellburg und Unterteil zusammengefügt, und die Räuber reiten zum Tor hinaus.

Und dann siehst du ein Bild vom Burghof. Dies ist ein anderer Riesenbau in einer verlassenen Grube in Dalsland, wo einst Quarz gebrochen wurde.

Auf dem letzten Bild birst die Burg. Wie wir das gemacht haben, kannst du dir selber ausrechnen.

(Aus: Tage Danielsson: Ronja Räubertochter. Das Buch zum Film. Hamburg: Verlag Oetinger, 1985)

Die Räuberbande und ihr Hauptmann – Textstellen zur Orientierung

S. 5f. Die zwölf Räuber lärmen und zechen und warten auf die Geburt des neuen Räuberhauptmanns. Glatzen-Per nimmt eine herausragende Stellung ein. Die kindliche Freude des Räuberhauptmanns über die Geburt der Tochter.

S. 7 Das Kind bedeutet den Einbruch der Liebe in die Räuberwelt. Mattis erschauert vor Liebe („Räuberherz in Händen des Kindes").

S. 10-13 Das Kind verwandelt Hauptmann und Räuber, macht sie „närrisch", „als hätten sie nie ein größeres Wunder auf Erden erlebt".

S. 14 Mattis vernachlässigt die Räuberei wegen Ronja.

S. 14f. Der Kampf zwischen den Räuberbanden und ihre Räuberei. „Gott steh dem bei, der durch die Räuberschlucht muss". Ronja weiß nichts vom Räuberleben.

S. 26 Die Borkaräuber werden von Landsknechten bedroht.

S. 27f. Die Mattisräuber sind bärtig, schmutzig, streitsüchtig und wild. Sie leben in Sicherheit auf der Mattisburg.

S. 33 Ronjas Angst vor der Wut des Vaters, wenn er hört, dass die Borkaräuber auf der Nordseite der Burg wohnen.

S. 41ff. Mattis' Wut über den Einzug der Borkaräuber in den abgespaltenen Teil der Burg.

S. 49ff. Der Streit der Räuberhauptmänner, die als Kinder zusammen gespielt hatten.

S. 62ff. Ronja erfährt die Wahrheit über die Raubzüge. Glatzen-Per beschreibt das Elend der Überfallenen. Ronja distanziert sich zum ersten Mal vom Vater, obwohl sie ihn liebt. Sie will nie Räuberhauptmann werden.

S .67 Räuberarme Zeit wegen des Streits der Banden. Angst der Landsknechte vor Mattis.

S. 82ff. Mattis' Angst um Ronja, als diese erkrankt.

S. 86f. Leben im Winter auf der Burg ohne Raubzüge.

S. 97 Ronja nimmt von den geraubten Vorräten, wie sie es gelernt hat.

S. 101f. Lovis sorgt für Sauberkeit der Räuber. Sie jagt sie in den Schnee und wäscht ihre Kleidung.

S. 115f. Sturkas wurde durch die Borkaräuber verletzt, als sich die Räuberbanden um geraubtes Gut zankten. Schilderung eines Raubüberfalles.

S. 117ff. Ronjas Trauer über die Feindschaft. Sie will Frieden mit der Borkasippe.

S. 121 Viele Landsknechte lauern im Wald auf die Räuber. „Wegen zwei alter dickschädliger Räuberhäuptlinge hatte sie (Ronja) keine Ruhe mehr im Wald."

S. 123 Birk wird von Mattis geraubt. Ronja klagt ihn an. Wenn er Menschen raubt, will sie nicht mehr seine Tochter sein.

S. 126ff. Lautstarke Auseinandersetzung zwischen Vater und Tochter. Lovis wirft alle Männer hinaus. Ronja fühlt sich allein und ist voll Hass.

S. 130ff.: Die Verhandlungen mit Borka um die Rückgabe Birks. Ronja bei den Borkaräubern. Mattis verleugnet seine Tochter.

S. 136 Mattis wirkt kraftlos.

S. 140ff. Ronja zieht zu Birk in die Bärenhöhle.

S. 155ff. Ronja denkt wiederholt an ihre Eltern, besonders an Mattis.

S. 180ff. Klein-Klipp kommt, um Ronja zurückzuholen. Sie hört von ihm, dass Mattis nicht über sie redet. Mit der Räuberei steht es schlecht. Landsknechte haben den Räuber Pelje gefangen, auch zwei Borkaräuber. Mattis lacht nicht mehr.

S. 195 Lovis, die Ronja in der Höhle aufsucht, erzählt, dass Mattis nachts im Traum von Ronja redet.

S. 206ff. Mattis kommt um Ronja heimzuholen. Er akzeptiert schweren Herzens Birk.

S. 212 Glatzen-Per rät, die Räuberbanden sollten sich zusammentun, weil die Gefahr durch Vogt und Landsknechte zu groß sei.

S. 213 Das Räuberlachen bei Ronjas Rückkehr.

S. 216f. Befreiung der gefangenen Räuber.

S. 217f. Ronja rät, die Räubereien zu beenden. Entsprechendes Gespräch zwischen Mattis und Glatzen-Per, der meint, Mattis bleibe Räuber, bis man ihn hänge.

S. 219ff. Auch Borka ist für den Zusammenschluss. Der grausame Kampf um die Macht.

S. 224f. Mattis ist der mächtigste Räuberhauptmann.

S. 225f. Birk schwört dem Räubertum ab.

S. 227 Ronja beklagt das Leid der Beraubten.

S. 228 Borka und Mattis rauben zusammen und führen die Landsknechte an der Nase herum.

S. 230ff. Glatzen-Pers Siechtum und Tod. Mattis Trauer.

S. 234ff. Ronjas und Birks Aufbruch im Frühling in die Bärenhöhle.

Zusatzmaterial 4

Im Walde von Toulouse

1.
Im Walde von Toulouse
haust eine Räuberschar.
Haust eine Räuberschar
schneddereng peng peng
schneddereng perline
haust eine Räuberschar,
schneddereng peng peng.

2.
Es kamen fünfundzwanzig
mit Säbeln und Gewehr. …

3.
Verbargen sich im Dunkel
von Wäldern und Gebüsch. …

4.
Sie sprachen zueinander:
Sieh nach, ob einer kommt. …

5.
Ich sehe hier vom Baume
dort unten einen Mann. …

6.
Wie kommt er denn geritten,
auf Esel oder Pferd? …

7.
Ich seh es an der Größe:
Er sitzt auf einem Pferd. …

8.
Gebt acht! In drei Minuten
da geht es richtig los. …

9.
Ach Hauptmann, lieber Hauptmann,
ich glaube, mir wird schlecht. …

10.
Du bist ein rechter Räuber!
Machst dir die Hosen voll! …

11.
Da sprangen alle Räuber
heraus aus dem Gebüsch. …

12.
Nanu, ihr lieben Leute,
ihr wollt mir doch nichts tun? …

13.
Steig ab von deinem Gaule
und gib uns all dein Geld! …

14.
Mein Geld? Ach liebe Leute,
ich habe doch kein Geld! …

15.
Und dort auf deinem Sattel,
was ist in diesem Sack? …

16.
Da seh ich welche kommen!
Das ist die Polizei! …

17.
Kommt raus aus euren Büschen,
und nehmt die Hände hoch! …

18.
Im Walde von Toulouse
gibt's keine Räuber mehr. …

(Aus: Praxis Deutsch, Heft 35, Mai 1979. S. 21: D. Steinert/ G. Wippler: „Im Walde von Toulouse haust eine Räuberschar ..." Eine französische Volksballade in der Grundschule.)

Eine nicht ganz geglückte Geburtstagsfeier/Möglichkeit 1

Antje und Nico sind bei Johannes zum Geburtstag eingeladen. Sie freuen sich sehr, denn Johannes zog erst vor einigen Wochen mit seinen Eltern ins Nachbarhaus. Antje und Nico sind neugierig und wollen gerne mit Johannes spielen. Die Kinder sind fein angezogen, geben Johannes die schön verpackten Geschenke und begrüßen seine Mutter. Sie wirkt sehr elegant, auch die Wohnungseinrichtung kommt den Kindern sehr vornehm vor. Antje und Nico sind ein bisschen gehemmt, aber am Kaffeetisch fühlen sie sich bald wie zu Hause. Es gibt Apfeltorte mit Schlagsahne, Mohrenköpfe und Butterkuchen. Nico futtert darauflos. Kaum hat er den letzten Bissen hinuntergeschluckt, verlangt er nach dem nächsten Stück: „Schmeiß mir mal noch 'n Stück Torte rüber!", fordert er Johannes mit vollem Munde auf und stopft gleich weiter Kuchen in sich rein. „Schmeckt voll gut, Mann! Echt geil diese Torte." Dann verzehrt er einen Mohrenkopf, aber der scheint nicht nach seinem Geschmack zu sein. Er würgt an dem Kuchen herum, als würde er ersticken. Johannes' Mutter sieht das: „Schmeckt dir der Mohrenkopf nicht?", fragt sie. „Nee, überhaupt nicht!", meint Nico, „der Mohrenkopf ist zum Kotzen, der schmeckt nach Hundedreck!" Johannes wirft seiner Mutter einen viel sagenden Blick zu.

Antje lässt sich durch ihren Bruder nicht stören. Ihr schmeckt alles. Sie häuft sich einen Riesenberg Schlagsahne auf den Teller, dabei bekleckst sie das Tischtuch. „Ach, Scheiße", stöhnt sie, „'ne Riesenscheiße ist das, tut mir echt Leid!" Dabei schaut sie Johannes' Mutter bekümmert an. Aber die blickt gar nicht freundlich ...

Fragen:

1. Ob sich die Mutter nur über das beschmutzte Tischtuch ärgert?
2. Abends unterhalten sich Johannes und seine Mutter über die Nachbarskinder. Schreib auf, wie das Gespräch verlaufen könnte.

Eine nicht ganz geglückte Geburtstagsfeier/Möglichkeit 2

Antje und Nico sind bei Johannes zum Geburtstag eingeladen. Sie freuen sich sehr, denn Johannes zog erst vor einigen Wochen mit seinen Eltern ins Nachbarhaus. Antje und Nico sind neugierig und wollen gerne mit Johannes spielen. Die Kinder sind fein angezogen, geben Johannes die schön verpackten Geschenke und begrüßen seine Mutter. Sie wirkt sehr elegant, auch die Wohnungseinrichtung kommt den Kindern sehr vornehm vor. Antje und Nico sind ein bisschen gehemmt, aber am Kaffeetisch fühlen sie sich bald wie zu Hause. Es gibt Apfeltorte mit Schlagsahne, Mohrenköpfe und Butterkuchen. „Ach!", ruft Antje, „der Kuchen sieht ja himmlisch aus, so etwas Schönes habe ich noch nie gesehen! Und wie er duftet, so frisch und köstlich. Ich komme mir vor, als sei ich bei einem König eingeladen!" Nico sieht seine Schwester verwundert von der Seite an. „Warum redet sie so?", denkt er. Johannes' Mutter fragt Antje freundlich: „Nun, mit welchem Kuchen möchtest du beginnen?" Antje ziert sich ein wenig. Sie bittet um ein kleines Stückchen Apfeltorte. „Ein winziges Stückchen, wenn ich bitten darf", bringt sie mit leiser Stimme hervor. Dann beginnt sie langsam und vorsichtig zu essen und wendet sich an Johannes Mutter: „Der Kuchen zergeht wie Schaum auf meiner Zunge! Den haben Sie gewiss selbst gebacken, gnädige Frau." Nico muss sich das Lachen verkneifen und auch Johannes und seine Mutter wundern sich ...

Fragen:

1. Warum redet Antje so?
2. Auf dem Nachhauseweg führen die Geschwister ein Gespräch. Schreibt es auf.

3. Was zeigen diese Gesprächsbeispiele?

Historische Räuberinnen

Im 18. und beginnenden 19. Jahrhundert lebten 10 bis 15 Prozent der Bevölkerung ohne festen Wohnsitz, gehörten also zum fahrenden Volk, einer rechtlosen Gruppe, der man mit großem Misstrauen begegnete, obwohl auch Schauspieler, Gaukler und Händler, die die Gesellschaft durchaus schätzte und benötigte, zu den ‚Fahrenden' zählten. Einen hohen Anteil bildeten die Kriminellen, besonders die Räuberbanden. Sie sorgten für ständige Unsicherheit, besonders bei Reisen. Raubüberfälle auf Reisende waren an der Tagesordnung. Die berüchtigten Räuberbanden, die über ganz Deutschland verteilt waren, wurden meistens von einem Hauptmann angeführt. Er organisierte die Überfälle. Zu den Banden gehörten auch Frauen und Kinder. Den Frauen kamen vielfältige Aufgaben zu. Vor den Überfällen erkundeten sie die Örtlichkeiten. Sie suchten die Häuser als Händlerinnen oder Kartenlegerinnen auf und prüften, ob die Überfälle günstig und ertragreich sein würden. Bei den Überfällen mussten sie Wache schieben, nach den Überfällen für den Abtransport der Beute sorgen. Teilweise benutzten sie dazu ihre Spezialröcke mit besonders großen Taschen. Auch für den Verkauf der Beute waren sie zuständig. Die Räuberfrauen oder Geliebten besuchten ihre Männer in den Gefängnissen, beförderten Kassiber und Instrumente, die dem Ausbruch dienten. Häufig waren die Frauen selbst bewaffnet, trugen, was als kriminell galt, Männerkleidung und standen den Männern an Grausamkeiten in nichts nach.

Aus überlieferten Steckbriefen und Protokollen wird ersichtlich, dass die Frauen in Räuberbanden als Beischläferin, Konkubine oder Kebsweib bezeichnet wurden. Viele von ihnen waren mit den Männern der Räuberbande verheiratet. Als Berufsbezeichnung gaben die meisten ‚Händlerin' an. Sie verkauften Zunder, Feuersteine, Salben und Pomade, Süßigkeiten, Silberwaren, Katzenbälge, Geflügel und vieles mehr (Siebenmorgen, H.: a.a.O. S. 146). Die Frauen handelten selbst und bestahlen andere Händler und Käufer. Vor allem Markt- und Taschendiebstähle, zu denen auch schon Kinder angehalten wurden, waren an der Tagesordnung. Berühmt für ihre zahlreichen Marktdiebstähle war Elisabeth Frommerin, bekannt als Alte Lisel. Sie wirkte am Bodensee und wurde im Alter von 40 Jahren hingerichtet. Mehrfach war es den Behörden gelungen, die gewiefte Übeltäterin zu ergreifen, aber es glückte ihr stets zu entfliehen, bis sie von einer 15 Mann starken Truppe zusammen mit anderen Räuberinnen und Räubern endgültig gefangen, fünf Monate verhört und dann zum Tode verurteilt wurde. Aus den 500 Seiten langen Verhörprotokollen geht hervor, wie zahlreich und ergiebig die Überfälle der Alten Lisel waren. Das Bild einer Diebesbande kommt ans Licht, bei der den Frauen im Überlebenskampf eindeutig die Hauptrolle zufiel. Sie hatten die Sippe zu versorgen, mussten vor allem die vielen Kinder durchbringen. Dank ihrer Fingerfertigkeit und kriminellen Routine gelang es ihnen, das Nötigste auf Märkten und Messen, vor Kirchen oder Gasthäusern zusammenzustehlen. Die Männer waren dabei eine Art Zuhälter; sie vertranken im Wirtshaus das Beutegeld. Gelegentlich verließen sie die umherziehende Gruppe, um sich an größeren Raubzügen zu beteiligen. Die Alte Lisel war das unumstrittene Oberhaupt der vagierenden „Großfamilie" (vgl. Boehncke, H. u.a.: a.a.O., S. 28). Ähnliche Karrieren durchliefen Christine Schettinger in Baden (sie wurde 1760 gehenkt) und Friederike Delitz, sie wurde 1813 zusammen mit Christoph Peter Horst in Berlin verbrannt. Neben solchen berühmten Räuberinnen, die weitgehend selbstständig handelten, steht die große Schar derer, die mehr oder weniger Hilfsdienste leisten mussten. Ihr Leben war reich an Entbehrungen. Unsicherheit, Kälte und Hunger, Schmutz, Krankheit und Verachtung und häufig auch Unterdrückung durch die Räuber waren ihre Begleiter.

Naturmagische Wesen – Textstellen zur Orientierung

S. 17: Ronja soll sich vor **Wilddruden und Graugnomen** hüten.

S. 22f.: **Graugnomen** in der Dunkelheit mit alten Stimmen: „Beißt, schlagt zu!" Schlagen mit Keulen und Knüppeln gegen Steine. Sehen wie kleine graue Zwerge aus.

S. 151ff.: **Graugnomen** in der Bärenhöhle stehlen Brot, werden von Birk und Ronja vertrieben.

S. 227: Glatzen-Per rettete einen **Graugnomen** vor Übergriffen der Druden. Dafür vermachte ihm der Gnom ein Silberbergwerk.

S. 60f., S. 162f., S. 201 **Die Unterirdischen** kommen im Herbst bei Nebel aus der Tiefe hoch und locken die Menschen mit ihren Tönen. Ronja gehört zu den Menschen, die durch ihre Lockrufe gefährdet sind. Die Liebe zu Birk bedingt, dass sie gegen diese Lockungen gefeit ist. Sie kann sich nicht einmal mehr erinnern, dass sie einst durch sie in Gefahr war.

S. 72ff.: **Die Rumpelwichte** mit breiten Hinterteilen, verhutzelten Gesichtern, struppigem Haar sind meistens freundlich.

S. 144: **Die Dunkeltrolle** tanzen im Mondlicht, bedächtig und plump.

S. 16, S. 29, S. 75, S. 176, S. 187ff.: **Die Druden, Grausedruden** oder **Wilddruden** sind sehr schön, aber dumm und gefährlich. Eine Wilddrude will Ronja holen, damit sie für die Druden arbeitet, bis das Blut fließt.

S. 114: Erwähnung der magischen Wesen in der Dämmerung, der schlurfenden **Rumpelwichte**, der zottigen **Dunkeltrolle**, der huschenden und fauchenden **Graugnomen**, der wilden, von den Bergen schwebenden **Druden**, allesamt „unheimliches Gelichter".

S. 70: Im einsamen Herbstwald sind alle Wesen verschwunden. Im Winter lässt sich keins blicken.

S. 165: Die magischen Wesen werden von Bären und Wölfen wegen ihres Geruches gemieden.

S. 178ff.: Ronja und Birk sehen bei ihrem Gang durch den Wald das „Dunkelvolk", **Rumpelwichte, Graugnomen, Dunkeltrolle**.

Homer/Walter Jens:

Der Gesang der Sirenen

Dann kehrten sie zurück ins Reich der Sonne, zu den Lebendigen und gingen ein zweites Mal in Aiaia vor Anker. Kirke begrüßte sie gastlich, pries ihren Mut und warnte Odysseus vor den Sirenen und den schrecklichen Ungeheuern, der grausigen Skylla und der dunklen Charybdis.
Als sich das Schiff nun der Insel der beiden Sirenen zu nähern begann, befahl Odysseus seinen Gefährten, ihn fest an den Mastbaum zu binden; ihnen selbst aber stopfte er Scheiben aus Wachs in die Ohren, damit sie nichts mehr zu hören vermochten. Denn die Sirenen singen so lieblich, dass niemand ihrem Gesang widersteht: Kinder und Frauen vergisst da ein jeder und wünscht sein Lebtag nichts mehr, als den süßen Gesang zu vernehmen.
Still wurde das Meer, die Wogen glätteten sich und die Sirenen sangen ihr Lied: „Komm zu uns, Odysseus, noch niemand ist hier vorübergefahren. Halte auch du und lerne die Freude und die verzaubernde Wohltat seligen Vergessens."
Als der Held diese Stimme vernahm, klopfte sein Herz vor Sehnsucht und Bangen, und er winkte den Freunden, ihm die Fesseln zu lösen. Doch die Gefährten gedachten der Warnung der göttlichen Kirke, banden den Fürsten noch einmal so fest und ruderten schneller. – Erst als die Stimmen in der Ferne verhallten und das Antlitz des klugen Odysseus ruhiger wurde und wieder die gewohnten Züge gewann, lösten sich alle das Wachs aus den Ohren und befreiten den König von seinen Fesseln.

(Aus: Ilias und Odyssee. Nacherzählt von Walter Jens.

J. R. R. Tolkien:

Der kleine Hobbit

Der kleine Hobbit Bilbo Bentlin begibt sich mit dem Zauberer Gandalf und 13 Zwergen auf eine abenteuerliche Reise. Sie führt sie durch Wälder, über Berge und Flüsse zum Einsamen Gebirge. Dort haust der Drache Smaug, der den Schatz der Zwerge stahl. Mit Bilbos Hilfe wird der Schatz zurückgewonnen.
Auf der ein Jahr dauernden Reise begegnen die Abenteurer Elben, Orks, Riesenspinnen und anderem Getier, die ihnen helfen oder die sie vernichten wollen.

Die Höhle schien brauchbar zu sein, nicht zu groß und nicht zu unheimlich. Sie hatte einen trockenen Boden und einige gemütliche Nischen, an einem Ende war Raum für die Ponys und dort standen sie, sehr erfreut über den Wechsel, dampften und schnauften in ihre Futterbeutel.
Oin und Gloin wollten am Eingang ein Feuer anzünden um die Kleider zu trocknen, aber davon wollte Gandalf nichts wissen. So breiteten sie ihre nassen Sachen auf dem Boden aus und holten trockene aus den Bündeln hervor. Dann legten sie ihre Decken aus, machten es sich bequem, holten ihre Pfeifen hervor und bliesen Rauchringe in die Luft. Gandalf verwandelte sie in verschieden farbige, die er unter der Gewölbedecke tanzen ließ, um die Gesellschaft zu erheitern. Sie erzählten und erzählten, vergaßen den Sturm und stritten darüber, was jeder mit seinem Anteil am Schatz unternehmen würde (wenn sie ihn erst hätten, und das schien in diesem Augenblick gar nicht so unmöglich). Dann fiel einer nach dem anderen in Schlaf. Und dies war das letzte Mal, dass sie ihre Ponys besaßen, das Gepäck, die Vorräte, die Werkzeuge und all den anderen Kram, den sie mitgenommen hatten. In dieser Nacht zeigte es sich, wie gut es war, dass sie den kleinen Bilbo dabei hatten, denn aus irgendeinem Grund konnte er erst nach langer Zeit einschlafen. Und als er endlich einschlief, hatte er scheußliche Träume. Er träumte, dass ein Spalt in der hinteren Felsmauer der Höhle immer größer und größer wurde und dass er immer weiter und weiter sich öffnete. Und die Angst packte ihn. Aber er konnte weder rufen noch etwas anderes tun. Er lag nur und sah. Dann träumte er, dass der Boden der Höhle zu sinken und zu rutschen anfing – tief zu fallen, immer tiefer, Gott weiß wohin. Darüber wachte er mit einem entsetzlichen Ruck auf und fand einen Teil seines Traumes wahr. Ein Spalt hatte sich an der Höhlenrückwand geöffnet und bildete mittlerweile einen breiten Durchgang. Bilbo konnte gerade noch den letzten Ponyschweif darin verschwinden sehen. Natürlich stieß er einen schrecklich lauten Schrei aus, so laut ein Hobbit eben schreien kann, und das ist, mit seiner Größe verglichen, immerhin ganz erstaunlich.
Heraus sprangen Orks, gewaltige koboldartige Wesen, große, übel aussehende Orks, Massen von Orks, noch ehe einer einen Mucks sagen konnte. Sechs kamen auf jeden Zwerg und zwei sogar auf Bilbo, und alle wurden gegriffen und durch den Spalt weggeschleppt, ehe sie »Mucks« oder »Hoppla« sagen konnten. Nur Gandalf nicht. So viel hatte Bilbos Schrei wenigstens erreicht. Gandalf war im Bruchteil einer Sekunde hellwach geworden, und als die Orks ihn greifen wollten, erhellte ein entsetzlicher Strahl die Höhle wie ein Blitz. Pulvergestank verbreitete sich und mehrere Orks blieben tot auf der Strecke.
Schnappend schloss sich der Spalt. Bilbo und die Zwerge waren auf der falschen Seite. Wo aber blieb Gandalf? Das wussten weder sie noch die Orks, und die warteten nicht darauf, bis sie es herausgefunden hatten. Sie schnappten Bilbo und die Zwerge und hasteten weiter. Das geschah in völliger Dunkelheit, in einer Finsternis, durch die nur Orks, die im Herzen der Gebirge hausen, hindurchsehen können. Kreuzungen und Gabelungen liefen nach allen Richtungen, aber die Orks kannten ihren Weg ebenso gut, wie ihr euren Weg zum nächsten Postamt kennt. Immer tiefer führte der Weg hinab und es war scheußlich stumpf und stickig. Wüste Burschen waren diese Orks und sie kniffen Bilbo und die Zwerge unbarmherzig. Sie grunzten und lachten mit ihren schrecklichen, versteinerten Stimmen und der Hobbit war noch viel unglücklicher als damals, als der Troll ihn bei den Zehen hochgehoben hatte. Er wünschte sich immerzu fort in seine hübsche, saubere Hobbithöhle, und das nicht zum letzten Male.
Jetzt schimmerte ein rotes Licht auf. Die Orks begannen zu singen (besser: zu krächzen) und klopften mit ihren Füßen den Takt, wobei sie ihre Gefangenen kräftig schüttelten.

»Klapp! Schnapp! Ins Finstre hinab!
Gripp! Grapp! Schneid ihm die Ohren ab!
Ab in den Orkturm –
schrei nur, du Wurm!

Das Drudenlied

Das Drudenlied ist ein Auszug eines Musicals zu „Ronja Räubertochter", welches im Werner-Heisenberg-Gymnasium in Heide/Schleswig-Holstein produziert und mit großem Erfolg aufgeführt wurde.

2. Strophe
Wir haben zwar ein hübsch Gesicht,
führ'n dadurch manchen hinters Licht,
doch fahr'n wir plötzlich aus die Kralle,
sitzt das Opfer in der Falle.

Wir weiden uns an seiner Qual,
dem Wicht bleibt nämlich keine Wahl,
so Stück für Stück naht sich der Tod,
denn Menschen sind der Druden Brot!

Refrain:
Und immer, wenn das Opfer schreit,
weiß die Drude, endlich ist's soweit!
Beiß zu, krall dir das Fleisch,
beiß zu, krall dir das Fleisch,
beiß rein! So lang, bis Blut spritzt!

Yaşar Kemal:

Memed, mein Falke

1

Die Hänge des Taurusgebirges steigen von der weiß schäumenden Mittelmeerküste ganz allmählich bis zu den Höhen der Taurusgipfel an. Über dem Mittelmeer kann man immer weiße Wolken sehen, die, aufeinander getürmt, dahintreiben. Das Küstenland ist so glatt und ebenmäßig, dass man glauben könnte, es sei mit einer Glanzschicht überzogen. Sein Lehmboden lässt einen an Fleisch denken. Auf Stunden ins Landesinnere hinein riecht es hier nach Meer, nach der Schärfe des Salzes. Hinter den flachen Äckern mit ihrem von Furchen durchzogenen Lehm beginnt das Röhricht der Çukurova, bedeckt mit unentwirrbar ineinander verfilztem Gestrüpp, mit Brombeeren, Wildreben und Schilf – eine dunkelgrüne Hölle, ohne Anfang und Ende, dunkler und wilder noch als Urwald.

Ein Stück weiter landeinwärts, zur Rechten Anavarza, zur Linken Osmaniye, auf dem Weg nach Islahije, kommt man in eine weite Sumpflandschaft. Hier brodelt es im Sommer ringsumher, wenn die Sümpfe kochen und der widerwärtige Geruch von verfaultem Schilf, Kraut und Holz, der Fäulnisgestank des Bodens jedermann fern hält. Das klare Wasser, das im Sommer von den Sumpfpflanzen und vom Schilf verborgen wird, glänzt und glitzert im Winter wie ein Spiegel. Jenseits der Sumpfgebiete gelangt man wieder auf bebautes Land, auf fetten, warmen Boden. Ein Land, das vor Fruchtbarkeit glänzt, das für seine Saat vierzig- bis fünfzigfachen Ertrag zurückgibt. Aber wenn man die sanften, myrtenduftenden Hügel hinter sich zurückgelassen hat, schrickt man jäh vor den Felsen zusammen, die sich plötzlich vor einem auftürmen. Mit den Felsen beginnt das Reich der Kiefern, deren Harz in kristallenen Tropfen an den Stämmen entlang zur Erde sickert. Die Ebenen, die sich hinter den Kiefern erstrecken, haben kargen Boden, der nichts trägt ... Von hier aus sind die Taurushöhen mit ihren Schneegipfeln zum Greifen nahe.

Eine der Hochebenen ist mit Disteln übersät – Dikenlidüzü. Dort gibt es fünf Dörfer. Aber niemand dort besitzt auch nur einen Fußbreit Land. Alles Land gehört Abdi Aga. Die Dikenlidüzü ist eine Welt für sich mit ihren eigenen Gesetzen und Bräuchen, ganz abseits von der übrigen Welt. Die Menschen hier kennen außer ihren eigenen Dörfern so gut wie nichts von dieser Erde. Kaum einer von ihnen hat jemals die Außenwelt gesehen. So weiß auch niemand von der Dikenlidüzü, von ihren Dörfern, von ihren Menschen und deren Leben. Sogar der Steuereinnehmer lässt sich nur alle zwei, drei Jahre einmal blicken. Und der hat mit den Dörflern nichts im Sinn, denn bei denen gibt es nichts zu holen. Er geht zu Abdi Aga. Damit ist seine Pflicht erfüllt.

Das größte unter den Dörfern der Dikenlidüzü ist Değirmenoluk. Hier lebt Abdi Aga, der Grundherr. Das Dorf liegt im Osten der Ebene, am Fuße der purpurnen Felsen, die manchmal milchig weiß, dann grünlich-silbern in einem bunten Farbenspiel schimmern.

An den Felsen steht seit eh und je eine uralte Platane mit verkrümmten, bis auf den Boden hinabreichenden Zweigen. Wenn man sich dem majestätischen Baum auf hundert, auf fünfzig Meter nähert, so rührt sich weit und breit nichts. Es herrscht eine Stille, so tief, dass einen die Furcht überschauert. Wer auf fünfundzwanzig Meter, ja sogar auf zehn Meter nahe kommt, wird dasselbe empfinden. Aber tretet nur einmal dicht an den Baum heran! Ihr werdet unter einem Ohren betäubenden Krachen zusammenschrecken! Von Schritt zu Schritt ebbt das Getöse dann wieder ab.

Das Rauschen kommt von der Quelle des kleinen Gewässers. Eigentlich liegt die Quelle gar nicht hier, aber die Leute in dieser Gegend sagen so, und dabei ist es geblieben. Das Schaum versprühende Wasser brodelt am Fuß der Felsen an die Oberfläche. Wirft man ein Stück Holz in dieses Wasser, so sieht man es nach ein, zwei Tagen, ja oft nach einer Woche noch auf dem Wasser tanzen. Es geht nicht unter. Einige behaupten sogar, auch ein hineingeworfener Stein halte sich obenauf. Der Bach kommt in Wirklichkeit von weit her, vom Akçadağ-Berg nämlich, von wo er den Duft des Majorans und des Thymians mit sich trägt, bis er sich hier unter dem Felsen verliert, um mit wütendem Kochen und Schäumen wieder ans Tageslicht zu treten.

Von hier bis zum Akçadağ türmt sich eine so steile Felslandschaft auf, dass man im ganzen Taurus kein Stückchen Land findet, das Platz für mehr als ein einziges Haus hätte. Gewaltige Kiefern und Buchen recken sich vor den Felsen in den Himmel und nur ganz selten trifft man in dieser steinernen Welt auf ein größeres Lebewesen – vielleicht einmal auf einen einsamen Hirsch, der des Abends, das Geweih auf dem Rücken gelegt, auf einem Felsvorsprung mit ausgestreckten Läufen in die endlose Weite starrt.

2

Das mit Disteln bewachsene Land geht in den elendesten, unfruchtbarsten Boden über, den man sich vorstellen kann, eine Erde von quarkartigem Weiß. Wo Gräser, Bäume, sogar die Bocksfeige aufgehört haben zu wachsen, da breiten sich die Graudisteln üppig aus, da wuchern und gedeihen sie. Auf guter Erde findet man diese Disteln nie. Guter Boden wird immer bebaut, gepflegt. Solchen Boden liebt die Distel nicht. Auf Boden mittlerer Güte ist sie aber zu finden, dort muss man sie erst ausreißen, bevor gesät werden kann. So ist es überall auf den Ebenen bis hinauf zu den Gipfeln der Tauruskette.

Die Graudistel wird etwa einen Meter hoch. Sie hat Zweige, die mit stacheligen Blüten besetzt sind, Blüten in der Form von fünfzackigen, von harten Stachelspitzen eingefassten Sternen. Jede Distel bringt Hunderte von ihnen hervor.

Wo sie wächst, da steht sie so dicht, dass selbst eine Schlange nicht zwischen zwei Stauden hindurchkriechen kann. Und ließe man eine Nadel über dem Blätterdickicht fallen, so würde sie gewiss nicht bis zum Boden gelangen.

Im Frühling zeigen die Disteln ein mattes Blassgrün. Schon bei leisem Wind legen sie sich fast bis auf die Erde. Im Hochsommer beginnen blaue Adern zwischen dem Grün zu erscheinen, dann gehen nach und nach die Zweige und der Schaft in ein helles, aber immer kräftiger werdendes, prachtvolles Blau über. Schließlich sind ganze Felder, endlose Ebenen eine einzige blaue Fläche, die bei Sonnenuntergang im Winde wogt und rauscht. [...]

5

Memed warf auch noch das letzte Korn auf die Tenne. Während des Schneidens hatte es ununterbrochen geregnet. Die von der Feuchtigkeit aneinander klebenden Halme verbreiteten einen dichten schwarzen Staub. Memed hatte vom frühen Morgen an seine Garben auf den Haufen geworfen. In seinem kohlschwarzen, unkenntlichen Gesicht blitzten die Zähne. In der Mitte der runden Tenne türmte sich die Frucht. Auf der Umrandung des Dreschbodens blieb ein feuchter Kreis von schwachem Grün zurück.

Erschöpft ging Memed ein paar Schritte, ließ sich auf den Rücken fallen, das Gesicht zur Sonne. Zwischen den Stoppeln bewegten sich ganze Heersäulen von Ameisen, irgendwohin. Die Augen mit den Händen beschattend blieb er eine Weile tief atmend so liegen.

Tagelang hatte er hart gearbeitet, erst das Korn allein geschnitten, auf dem Feld an der Storchenquelle, das voll von Ackerkratzdisteln war. Dann hatte er, zusammen mit seiner Mutter, die Garben gebunden und danach hatte er tagelang den Dreschschlitten führen müssen. Jetzt war er nur noch Haut und Knochen, sein Gesicht war voller Falten, die Augen saßen über den eingefallenen Wangen tief in ihren Höhlen.

Ein Stück weiter weidete das alte Pferd, dürr und so abgeklappert, als könne es sich kaum auf den Beinen halten. Es mochte fünfzehn Jahre auf dem Buckel haben. Die Rippen standen ihm scharfkantig heraus, Fliegen krochen ihm über die Augen. Mitten auf dem Rücken hatte es eine eiternde Wunde, die nie heilen wollte. Der schmutzige Kornstaub vom Dreschen klebte darauf. Immer wieder wurde das Tier von Bremsen gepeinigt.

Es war kurz vor Mittag. Memed, schweißüberströmt, drehte sich auf die Seite. Als er sich mit der Handfläche über das Gesicht gewischt hatte, musste er eine Handvoll schwarzen Schweiß abschütteln.

Die im Sonnenlicht flimmernde Stoppelfläche blendete die Augen. Er war todmüde. Ab und zu sah er zwischen den Stoppeln zu dem Pferd hinüber, neben dem jetzt ein paar Störche hin und her stelzten. Erst schaute er den Störchen zu, dann versuchte er, den Ameisenkolonnen mit der Hand den Weg abzuschneiden. Die Insekten verfolgten unbeirrt, das Hindernis überkletternd, ihre Marschrichtung.

Mit einem verzweifelten Anlauf erhob er sich halb, setzte sich. Den Kopf auf das rechte Knie gelegt, träumte er ein wenig vor sich hin, aber bald war er wieder hellwach, stemmte sich mit den Händen vom Boden hoch, behutsam mit seinen schmerzenden Gliedern. Nachdem er Gesicht und Hals von den überall krabbelnden Ameisen befreit hatte, trat er zu dem Gaul, der neben einem staubigen Brombeergebüsch stand, einen seiner Vorderläufe leckend. Er zog ihn mit sich. Die riesigen blauen Blüten der Ackerkratzdisteln bewegten sich unter einem leisen Wind.

Mit Mühe schirrte er den alten Gaul an den Dreschschlitten. Das Tier schaffte es nicht mehr, das Gerät über das Korn mit den aufgequollenen Halmen zu ziehen. Memed stieg vom Schlitten, spannte sich selbst mit ein. Der Gaul strauchelte bei jedem zweiten Schritt, bis er schließlich schnaubend auf das Korn sank. Das arme Tier tat Memed Leid, aber er wusste sich nicht mehr zu helfen. Das Pferd war schwarz von staubverschmiertem Schweiß, die vorstehenden Rippen flogen. Schaum bedeckte die Flanken, den Rücken und die Kruppe. Auch Memed brannten die Augen vom Schweiß, der ihm von der Stirn lief. Der dumpfig-feuchte Geruch des schon vom Schimmel befallenen Korns nahm ihm den Atem. Eine Zeitlang drehte er den Dreschschlitten mit der Kraft der Verzweiflung im Kreis über dem Korn, bis es schließlich etwas leichter ging. Die Halme knirschten unter dem Gerät.

Gegen Mittag waren die Halme schon ziemlich zerquetscht, sie hatten ihre Schwärze verloren und glänzten jetzt hell. Hinter dem Schlitten stieg ein feiner goldgelber, brandig riechender Staub auf, der Memed langsam in die Nase drang und ihm die Schleimhäute beizte.

Weit weg stellte ein Mann Garben auf. Noch weiter in der Ferne waren andere zu sehen, die ihren Schlitten trieben. Sonst war kein Zeichen von Leben auf der grenzenlosen Ebene. Die Stoppeln standen hoch ... Die Mähmaschine nimmt das Korn glatt vom Boden ab, und die zurückbleibenden Stoppeln sind kaum eine Spanne lang. Wenn man mit der Hand schneiden muss, ist es anders, dann greift die Sichel kurz unterhalb der Ähre und die Hälfte des Halmes bleibt stehen. Wo die Stoppelfelder aufhörten, dort begannen die Graudisteln. Memed war wie ausgedörrt. Auch der Gaul trottete sterbensmatt, den Kopf bis auf den Boden hängend. Memed saß versunken auf dem Schlitten. Die Störche waren jetzt bis an den Dreschplatz herangekommen. Memed schien zu schlafen. Das Pferd knabberte dann und wann lustlos an den Halmen, aber sie fielen ihm gleich wieder aus dem Maul. Memed nahm nichts mehr wahr, die Sonne brannte unbarmherzig auf ihn nieder. Einmal stand er auf, blickte lange in die Richtung, wo das Dorf lag. Kein Mensch war zu sehen. Er biss die Zähne aufeinander. Seine Mutter wollte ihm zu essen und zu trinken bringen. Er schluckte trocken. Keinen Tropfen Speichel mehr hatte er im Mund. Er kroch wieder auf den Schlitten. Das Pferd stand regungslos, den Kopf zwischen die Halme gesteckt. Memed hatte es nicht einmal bemerkt.

»Hühott, mein Gaul!«

Jetzt riss er am Zügel. Die Fliegen umschwärmten das Tier, das sich vergeblich der Peiniger zu erwehren trachtete.

Zornig stand Memed auf, hielt wieder zum Dorf hin Ausschau. Jetzt tauchte hinter den Ackerkratzdisteln ein Kopf auf. Gleich darauf erkannte er seine Mutter. Schnell wurde sein Zorn zur Freude. Die Mutter kam näher, schweißüberströmt, die Hand, in der sie den Mundvorrat trug, schleifte fast am Boden.

»Wie ist's gegangen, mein Kind? Bist du jetzt über den Berg?«

»Die Garben liegen alle«, sagte Memed.

»Aber die Halme sind dick, nicht wahr?«

»Waren sie, ja. Aber jetzt geht's schon leichter.«

Er nahm ihr den Wasserkrug ab, trank in endlosen Schlucken. Das Wasser rann ihm vom Kinn über die Brust bis zu den Beinen hinab.

»Komm herunter, Junge«, sagte die Mutter. »Ich will ein bisschen weitermachen. Iss dein Brot!«

Er gab ihr die Zügel in die Hand, ging in den Schatten des Brombeerdickichts und öffnete den Proviantbeutel. Zwiebeln waren darin, Salz und ein Säckchen Ayran, auf dem es von winzigen Mücken wimmelte. Den Ayran füllte er in eine Schale.

Nachdem er gegessen hatte, legte er sich im Schatten nieder. Nur sein Unterkörper und seine Beine lagen in der Sonne. Er schlief sofort ein. Als er wieder aufwachte, stand die Sonne schon tief. Er rieb sich die Augen, erhob sich und lief zum Dreschplatz.

»Mutter, du bist jetzt müde!«

»Komm, steig wieder auf«, sagte sie, traurig, dass sie nicht mehr geschafft hatte.

Zwei Tage später wurde das Korn geworfelt, am Tag darauf fegte man die Spreu weg. Am folgenden Tag dann häuften sich die rötlichen Weizenkörner in der Mitte der Dreschplätze. Aber sie konnten den Weizen noch nicht in die Säcke füllen und nach Hause schaffen. Der Körnerhaufen blieb mitten auf dem Dreschplatz liegen, dann erst mußte Abdi Aga kommen und sich seinen Anteil holen. Diese Nacht über hielt Memed mit seiner Mutter Wache bei der Ernte, unter fortwährendem Kampf mit den Fliegen.

Der Morgen kam, Abdi Aga erschien nicht. Auch mittags noch keine Spur von ihm. Am Nachmittag kam er endlich. Drei seiner Tagelöhner ritten mit Packsätteln hinter ihm. Sein Gesicht verhieß nichts Gutes. Döne kannte ihn zu lange um dabei nicht vor Angst zu erschauern. In ihrem lederartig verrunzelten Gesicht erschienen noch mehr Sorgenfalten.

Abdi Aga befahl sie mit einem Wink zu sich. Seinen Leuten rief er zu: »Drei Viertel für uns, eines für Döne.«

Döne klammerte sich an seinen Steigbügel. »Nein, Herr! Bitte nicht! Dann müssen wir diesen Winter verhungern. Bitte, bitte, Aga, Eure Fußsohlen will ich küssen!«

»Lass das Geflenne, Döne! Du kriegst genau, was dir zusteht.«

»Mein Teil ist ein Drittel«, ächzte sie.

Der Aga beugte sich von seinem Pferd herab, schaute Döne in die Augen. »Wer hat dein Feld geackert, Döne?«

»Ich, Herr.«

»Und meine Tagelöhner haben dir nicht geholfen?« –

»Doch, Herr.«

»Hör mal, Döne!«

»Bitte, Herr?«

»Du hättest lieber deinem Sohn sagen sollen, er solle nicht fortlaufen und Ziegenhirt bei Süleyman spielen!« Damit trieb er sein Pferd an.

Döne war totenblass geworden. »Um Himmels willen, tut das nicht, Aga!«

Sie konnte es nur noch matt hinter ihm herrufen.

Die Tagelöhner machten sich daran, die Anteile abzumessen, drei Viertel für den Aga, ein Viertel für Döne. Der eine Haufen türmte sich immer höher, der andere schrumpfte zusehends zusammen.

Döne sah auf beide Haufen und stieß Verwünschungen aus: »Gib Gott, dass du mit deinem Anteil nicht glücklich wirst, Ziegenbart! Für Ärzte und Spital soll es draufgehen! Die Würmer sollen darin herumkriechen, damit er's nicht fressen kann!«

Die Tagelöhner luden des Agas Anteil auf die drei Pferde. Keiner sprach ein Wort mit Döne. Einer wie der andere blieb stumm wie die Erde. Memed setzte sich neben seine Mutter. Ein kleiner Weizenhaufen lag noch inmitten des staubigen Dreschplatzes. Und eben war er noch so hoch gewesen. Der Knabe blickte vom Rest der Ernte zu seiner Mutter. Schuldbewusst schwieg er mit finsterem Gesicht vor sich hin.

»Jetzt verstehe ich, warum er dich nicht geschlagen hat, als er dich von Süleyman zurückbrachte«, sagte die Mutter. »Er wollte uns unser bisschen Brot wegnehmen, der Gottlose.«

Memed konnte nicht mehr an sich halten. Er brach in Schluchzen aus: »Alles meinetwegen ...«

Mit all ihrer Kraft drückte sie ihn an sich. »Was soll jetzt nur werden?«

»Der Winter ...«, sagte Memed.

»Der Winter ...« Dann begann auch sie zu weinen.

»Oh, wenn nur dein Vater noch da wäre ...«

(Aus: Yaşar Kemal: Memed, mein Falke. Zürich: Unionsverlag 1980, S. 5-7; S. 40-45)

Freundschaft und Liebe – Textstellen zur Orientierung

S. 32: Treffen Ronja/Birk. Ronjas leises Lachen (andere Stellen, in denen Lachen eine Rolle spielt: S. 100, S. 111 – Birk lacht. S. 210 Birks schönstes Lächeln, S. 113 Ronja lacht, S. 148: sie lachen beide).

S. 33: Entsetzen über die Anwesenheit der Borkaräuber.

S. 36: Birk springt auf die Mattis-Seite. Die Kluft zwischen Feinden wird spielerisch überwunden.

S. 38ff.: Birk fällt in die Schlucht. Ronja rettet ihn.

S. 40: Birk weiß sich von jetzt an Ronja gebunden. Sein Lächeln.

s. 54: Birk nennt Ronja „Räubertochter".

S. 56ff.: Birk droht sich im Nebel zu verirren, wird von Ronja geleitet. Der Riemen, der Abstand gebietet. Birk rettet Ronja vor den Unterirdischen.

S. 72ff.: Die verhängnisvolle Skifahrt. Ronjas Todesangst. Als Birk kommt, weint sie hemmungslos: „Lass mich nie wieder allein!" Birk folgt mit Riemenlänge Abstand. Der Riemen als Rettungs- und Bindungssymbol.

S. 80: Birk nennt Ronja „Schwester".

S. 84: Ronjas schwere Krankheit als Ausdruck ihrer Zerrissenheit.

S. 86f.: Gang zu den Verliesen, Schauer vor der Welt der Räuber (ehemalige Gefangene), Gram über Grausamkeiten der Räuber.

S. 88f.: Ronja räumt Steine aus dem Weg, dringt in die Welt der Borkaräuber vor, kämpft für ihre Liebe zu Birk.

S. 90ff.: Treffen in den Gewölben. Ronja gibt Birk zu essen. Ronja stiehlt für den ausgehungerten Birk, hält Borkaräuber am Leben. Birk lacht.

S. 100: „Wie oft willst du noch mein Leben retten? Genauso oft, wie du meins rettest […]. Es ist einfach so, dass wir ohne einander nicht mehr sein können. Das habe ich jetzt begriffen."

S. 107f.: Treffen im Frühling. Birk mit Riemen. Liebesgeständnis.

S. 109ff.: Einfangen der Pferde.

S. 113: Beim Reiten stürzt Ronja in den Weiher. Birk rettet sie.

S. 117: Das Entsetzen über den Kampf der Räuber. Kinder leiden unter der Feindschaft der Eltern.

S. 128ff.: Ronjas Sprung über den Höllenschlund.

S. 134f.: Beim Austausch der Kinder (anders als im Film!) erkennt Lovis ihre Liebe zueinander. Die Kinder sahen sich an, als wären sie alleine auf der Welt. Sie bekennen sich zueinander.

S. 137f.: Ronja sucht drei Tage vergeblich nach Birk. Er erträgt harte Worte nicht.

S. 144 bis S. 158: Leben im Wald und in der Bärenhöhle. Natur als Stätte der Geborgenheit, verzaubert, schön, still. Birk entzündet Feuer. „Wo es ein Heim gibt, da gibt es auch ein Feuer". Ronja singt das Wolfslied. Sie sammelt Weißmoos, d. h., sie übernimmt die Aufgaben der Frau. Gemeinsames Lachen. Was bedrückend war, lassen sie hinter sich. Gefühl der Freiheit.

S. 159ff.: Der Streit wegen des Messers als Bewährungsprobe für ihre Liebe.

S. 164ff.: Die Rettungsversuche für die verletzte Stute. Birk kommt mit Weißmoos. „Nie war Ronja sein Anblick so lieb gewesen". Anteil der Rumpelwichte an der Rettung. Einklang mit der Natur. Milch der Stute als Himmelsgeschenk. Einsicht in die Gefährdung des Friedens.

S. 189f.: Der Angriff der Wilddrude. Birk rettet Ronja. Sie schmiegt sich an ihn.

S. 190f.: Die stumme Liebeserklärung angesichts der Todesgefahr.

S. 193f.: Die geliebte Mutter stört die Zweisamkeit. Birks Eifersucht. Ronjas Zerrissenheit.

S. 197: „Er sah zu ihr auf und lächelte. ‚Ich sitze hier und bin traurig, meine Schwester.'"

S. 198f.: Birks Traum, Trennungsängste. „Quälende Wintergedanken".

S. 203f.: Trennungsgedanken.

S. 208f.: Die stumme Zwiesprache mit Birk, als der Vater Ronja abholen will. Ronjas Zerrissenheit weicht.

S. 210f.: Ronja überredet Birk mitzukommen. Sie spricht wie eine erfahrene Erwachsene: „Das Leben ist etwas, das man hüten und bewahren muss". Liebeserklärung: Nichts kann uns trennen. „Ich folge dir, wohin du auch gehst."

Der Prozess der Ablösung – Textstellen zur Orientierung

S. 65f.:	Ronja distanziert sich zum ersten Mal von ihrem Vater, als sie die Wahrheit über die Raubüberfälle erfährt. Sie liebt ihren Vater zwar trotzdem, aber sie will nicht Räuberhauptmann werden. Das macht Mattis unglücklich.
S. 80 und S. 85:	Ronja entwickelt Eigenleben. Sie erzählt zu Hause nichts von ihrem gefährlichen Skiunfall und Birks Rettungsaktion.
S. 82ff.:	Nach dem Skiunfall wird Ronja schwer krank. Ronja denkt über das Maßlose im Wesen ihres Vaters nach und wird sich der Bedeutung Birks für sie bewusst. Der Vater durchlebt angesichts der schweren Krankheit Verlustängste.
S. 98ff.:	Ronja trifft sich heimlich mit Birk und übergibt ihm Lebensmittel. Sie ist sich darüber klar, dass sie die Feinde ihres Vaters unterstützt.
S. 116f.:	Ronja ist zornig über ihren Vater und widerspricht ihm, als er verkündet, er wolle alle Borkaräuber abschlachten. Sie ist von tiefer Trauer erfüllt.
S. 118f.:	Der Unfriede zwischen den Räuberbanden macht Ronja das Leben schwer. Ronja und Lovis halten Mattis vor, dass Kampf nicht das richtige Mittel sei um mit den Borkaräubern umzugehen. Mattis starrt finster, weil Ronja gegen ihn ist.
S. 120.	Den Kindern ist der Frühling verdorben, weil ihre Väter „Dickschädel" sind und „kein Fünkchen Verstand haben".
S. 123:	Ronja schlägt auf ihren Vater ein, weil dieser Birk gefangen hält. Ronja macht ihm härteste Vorwürfe. Wenn er Menschen raubt, will sie nicht mehr seine Tochter sein.
S. 127:	Ronja kann nicht schlafen. Sie hasst ihren Vater.
S. 133:	Mattis sagt sich von Ronja los, weil diese zu Birk hält und für ihn über den Höllenschlund springt. „Ich habe kein Kind".
S. 141ff.:	Die Kinder verlassen ihre Familien und schaffen sich ein eigenes ‚Heim' in der Bärenhöhle.
S. 147f., S. 155:	Ronja denkt mit Wehmut an ihre Eltern. Sie träumt, dass Mattis weint und sie wieder sein kleines Kind ist.
S. 157:	Der Gedanke an Mattis lässt Ronja nicht los. Er ist wie eine „lästige Schmeißfliege".
S. 167:	Ronja nennt die Stute Lia, weil ihr Vater einst eine Stute mit gleichem Namen besaß.
S. 180ff.:	Klein-Klipp kommt als Bote und berichtet, dass Mattis voller Trauer sei, aber Ronjas Name nicht erwähnt werden dürfe. Ronja trägt ihm als Antwort auf: „Niemals komme ich nach Hause. Nie, solange ich nicht Mattis' Kind bin! Sag ihm das [...]"
S. 184:	Birk ist eifersüchtig. Er fürchtet sich davor, sich im Winter von Ronja zu trennen.
S. 193ff.:	Lovis besucht Ronja in der Bärenhöhle. Ronja freut sich, hält aber den Zeitpunkt des Besuches kurz nach der Rettung aus Todesgefahr für wenig glücklich. Birk begreift diesen Besuch als Störung. Ronja fühlt sich zutiefst zerrissen. „Alles verabscheute sie, alles und jedes, alles und alle, die an ihr zerrten und rissen, sodass sie fast in Stücke ging".
S. 196:	Gespräch mit Lovis darüber, dass Mattis um Ronjas Rückkehr bitten muss.
S. 197f.:	Birks Trauer darüber, dass er Ronja mit anderen teilen muss.
S. 206ff.:	Mattis besucht Ronja und nimmt sie wieder als sein Kind an. Ihretwegen akzeptiert er Birk.
S. 209:	Ronja ist glücklich, dass sie nicht mehr zwischen Birk und Mattis wählen muss.
S. 210:	Sie gesteht Birk, dass sie sich nie von ihm trennen werde.
S. 217:	Ronja empfiehlt ein Ende der Räuberei.
S. 226:	Birk verkündet lautstark und unter Eid, dass er niemals Räuber werden will.
S. 235f.:	Die Kinder brechen erneut zu ihrem Heim, der Bärenhöhle, auf.

Auszug aus einer Schülerarbeit, GK 12: Ronjas Weg in die Bärenhöhle

Hallo Birk! Endlich bin ich bei dir. Ich muss dir unbedingt von dem Weg hierher erzählen. Viele Male dachte ich daran, einfach umzudrehen. [...] Jetzt aber bin ich froh, bei dir zu sein.

Als ich durch den Mondscheinwald ging, wurde ich sehr traurig, und obwohl ich weiß, dass man sich im Mattiswald nicht fürchten darf, hatte ich plötzlich Angst. Nicht vor den Dunkeltrollen oder den Graugnomen, sondern vor unserer Entscheidung wegzugehen, und vor allem vor unserer ungewissen Zukunft. Jetzt weiß ich, dass es die richtige Entscheidung war, aber als ich durch den dunklen Wald ging, musste ich die ganze Zeit an die Mattisburg denken, in der es ohne mich vielleicht nie wieder Frühling wird. Der einsame Mond am Himmel erinnerte mich an Mattis, und jeder Baum glich in meiner Fantasie einem der Räuber, die sich um mich sorgen und die ich einfach im Stich lasse. Das Rauschen der Bäume hörte sich an wie das Summen von Lovis beim Gutenachtlied. Mit jedem Schritt kam es mir vor, als brächte ich eine riesige Distanz zwischen mich und die Menschen, die ich liebe, und zwar nicht nur eine räumliche, sondern vor allem eine seelische Distanz. [...] Ich fing an zu weinen und mir wurde sehr kalt. Trotzdem ging ich weiter. Noch nie kam mir der Weg durch den Wald so kurz vor. Ich merkte gar nicht, wie die Zeit verging. Aber wahrscheinlich empfand ich nur so, weil ich innerlich noch nicht bereit war, einen neuen Lebensabschnitt zu beginnen, und ich mich noch nicht von der Mattisburg trennen wollte. Als ich das Blaubeergestrüpp und das Moos durchquerte, dachte ich an's Umdrehen, weil ich Hunger bekam und ich mir nicht sicher war, ob wir beide wirklich schon alt genug sind, um ganz allein für uns zu sorgen. Ich dachte an Lovis köstliches Essen und daran, dass es sicherlich einfacher wäre, mich von ihr versorgen zu lassen. Trotzdem ging ich weiter. Während ich am Moor und den schwarzen Tümpeln vorbeikam, wurde ich sicherer, dass ich die richtige Entscheidung getroffen habe. Ich sah in die bodenlose Tiefe der Tümpel und mir wurde bewusst, dass sich hinter meinem bisherigen Leben eine unfassbare Weite verbirgt. Es kann ja nicht alles sein, das Leben auf der Mattisburg zu verbringen ohne den eigenen Weg zu finden. Wie kann ich das Räuberleben beurteilen, wenn ich nie ein anderes kennen gelernt habe? Ich setzte meinen Weg jetzt schneller und zielstrebiger fort. Je mehr ich mich von der Burg entfernte, desto schneller wurde ich. Die kleinsten Zweifel an meiner Entscheidung verließen mich endgültig, als ich über die bemoosten Windbrüche kletterte. Ich erinnerte mich an den vergangenen Winter, in dem wir uns im Gewölbe trafen und ich über Steine kletterte, nur um dich zu sehen. Bei diesem Gedanken durchfuhr mich ein warmer Schauer und mir wurde klar, dass uns nichts trennen sollte. Vor allem nicht die Sturheit unserer Eltern. Wir beide gehören zusammen und dafür nehme ich alle Schwierigkeiten auf mich. [...]

Auszug aus einer Schülerarbeit, LK 11: Ronjas Weg in die Bärenhöhle

„[...] und dann gelangte ich, durchfroren wie ich war, an den Weiher. Schwarz lag er da, einzig durchbrochen durch den Lichtstrahl des Mondes. Ach Birk! Der Anblick war so schön, so schrecklich und so schön!

Und weißt du, was ich mir in diesem Augenblick wünschte? – Einzutauchen in diesen Lichterschlund – der teilt den Weiher in zwei Schattenfelsen.

Verstehst du, was ich meine?

Warum gibt es nichts als Licht und Schatten?

Und einen Kloß im Hals hatte ich, einen dicken Mattiskloß, der weh tat und den ich runterschlucken wollte. Und plötzlich waren sie überall, sie kribbelten und kratzten. Ein Mattisklumpen lag mir im Magen, einer hämmerte gegen meine Brust, einer formte meine Knie zu Brei, und einer, der saß mir, winzig klein, im Ohr, und flüsterte: „Du bist nicht mehr mein Kind."

Schließlich ging ich weiter, mit ruhigem Schritt, zu dir, mein Bruder! Ohne rechten Pfad – die Richtung habe ich dennoch nie verfehlt. Vielleicht waren es die Bäume, die mit ihren Ästen, wie dürre Finger, mir den Weg wiesen? Die Fichten und Kiefern und Sträucher. Immer weiter, vorbei am Blaubeergestrüpp und am Moos, an Tümpeln und Windbrüchen, an allem Bezaubernden und Schönen, sodass ich kaum untergehen konnte.

Durch Bäche, über Wiesen, bis zur Bärenhöhle.

Und mir war, als ob ich wuchs, mit jedem Schritt, den ich dir näher kam.

War ich zuvor vielleicht nur einen halben Grashalm hoch, so war es mir, als ich dich sah, als könne ich auf Zehenspitzen die Himmelsdecke berühren. [...]

Ach ja, nun sitze ich hier, nun bleibe ich hier. Findest du nicht, dass es ein seltsames Gefühl ist, morgens aufzuwachen und nicht zu wissen, was kommt?

Es ist ein wenig, als ob ich Angst empfinde, Angst, die mich einengt und doch so frei macht."

William Shakespeare:

Romeo und Julia (Inhaltswiedergabe)

Die vornehmen Veroneser Familien Montague und Capulet sind tödlich verfeindet. Romeo, Sohn Montagues, nimmt maskiert an einem Fest im Hause der Capulets teil. Er, der bis dahin unglücklich in die schöne Rosaline verliebt war, erlebt beim Anblick Julias, was wahre Leidenschaft ist. Nach dem Fest, auf dem die beiden jungen Menschen in heftiger Liebe zueinander entbrannt sind, hört Romeo, unter Julias Fenster stehend, wie diese der Nacht das Geheimnis ihrer Liebe zu ihm anvertraut. Er erwirkt ihre Zustimmung zu einer heimlichen Vermählung. Am nächsten Tag lassen sich die Liebenden von dem Franziskanermönch Bruder Lorenzo (Friar Lawrence) trauen. Mercutio, ein Freund Romeos, und Tybalt, der Neffe der Gräfin Capulet, den Romeos Anwesenheit auf dem Fest empört hat, geraten aneinander; Romeo kommt hinzu, begegnet jedoch Tybalts Herausforderung mit versteckten Hinweisen auf ihr nunmehr verwandtschaftliches Verhältnis und weigert sich gegen ihn zu kämpfen. Empört über so viel Versöhnlichkeit zieht Mercutio den Degen. Romeo versucht vergebens, die Kämpfenden zu trennen, verschafft aber damit Tybalt unfreiwillig Gelegenheit, Mercutio den Todesstoß zu versetzen. Nun lässt sich auch Romeo zum Kampf hinreißen und tötet Tybalt. Er wird verurteilt in die Verbannung zu gehen, und nachdem er die Nacht bei Julia verbracht hat, verlässt er Verona am nächsten Tag, ermutigt von Bruder Lorenzo, der zu günstiger Zeit die Vermählung Romeos und Julias öffentlich verkünden will. Julia soll von ihrem Vater gezwungen werden den Grafen Paris zu heiraten, und selbst die Amme, die zuvor ihre Vereinigung mit Romeo begünstigt hatte, rät ihr zu gehorchen. Dem Rat Bruder Lorenzos folgend willigt sie zum Schein ein. Sie soll am Vorabend der Hochzeit einen Betäubungstrank zu sich nehmen, der sie in einen vierzigstündigen, todesähnlichen Schlaf versenken wird; der Frater selbst will Romeo Nachricht senden, der dann Julia aus dem Grab befreien und nach Mantua entführen soll. Der Plan wird ausgeführt, doch die Botschaft erreicht Romeo nicht, da der Bote als pestverdächtig festgehalten wird; stattdessen erhält Romeo die Kunde vom Tod Julias. In seiner Verzweiflung verschafft er sich ein starkes Gift und begibt sich zum Grab Julias um die Geliebte ein letzte Mal zu sehen. Vor der Gruft trifft er mit dem Grafen Paris zusammen, den er im Zweikampf tötet. Nachdem er Julia zum letzten Mal geküsst hat, nimmt er das Gift. Als Julia erwacht, findet sie Romeo tot an ihrer Seite, begreift, was geschehen ist, und ersticht sich. Erschüttert von der Tragödie, die ihr Hass heraufbeschworen hat, versöhnen sich die Häupter der beiden feindlichen Familien.

(Aus: Kindlers Literatur Lexikon 1974, S. 3351-3352, gekürzt)

William Shakespeare:

Romeo und Julia – Der Schluss der Tragödie (5.3)

(Capulet, Gräfin Capulet und andre kommen.)
G r ä f i n C a p u l e t.
Das Volk ruft auf den Straßen: »Romeo«
Und »Julia« und »Paris«; alles rennt
Mit lautem Ausruf unserm Grabmal zu.
P r i n z. Welch Schrecken ist's, das unser Ohr betäubt?
E r s t e r W ä c h t e r.
Durchlaucht'ger Herr, entleibt liegt hier Graf Paris;
Tot Romeo; und Julia, tot zuvor,
Noch warm und erst getötet.
P r i n z. Sucht, späht, erforscht die Täter dieser Gräuel.
E r s t e r W ä c h t e r.
Hier ist ein Mönch und Romeos Bedienter.
Man fand Gerät bei ihnen, das die Gräber
Der Toten aufzubrechen dient.
C a p u l e t. O Himmel!
O Weib! Sieh hier, wie unsre Tochter blutet,
Der Dolch hat sich verirrt; sieh seine Scheide
Liegt ledig auf dem Rücken Montagues,
Er selbst steckt fehl in unsrer Tochter Busen.
G r ä f i n C a p u l e t.
O weh mir! Dieser Todesanblick mahnt
Wie Grabgeläut mein Alter an die Grube.
(Montague und andre kommen.)
P r i n z. Komm, Montague! Früh hast du dich erhoben,
Um früh gefallen deinen Sohn zu sehn.
M o n t a g u e.
Ach, gnäd'ger Fürst, mein Weib starb diese Nacht;
Gram um des Sohnes Bann entseelte sie.
Welch neues Leid bricht auf mein Alter ein?
P r i n z. Schau hin, und du wirst sehn.
M o n t a g u e. O Ungeratner! Was ist das für Sitte,
Vor deinem Vater dich ins Grab zu drängen?
P r i n z. Versiegelt noch den Mund des Ungestüms,
Bis wir die Dunkelheiten aufgehellt
Und ihren Quell und wahren Ursprung wissen.
Dann will ich euer Leiden Hauptmann sein
Und selbst zum Tod euch führen. – Still indes!
Das Missgeschick sei Sklave der Geduld. –
Führt die verdächtigen Personen vor.
L o r e n z o. Mich trifft, obschon den unvermögendsten,
Am meisten der Verdacht des grausen Mordes,
Weil Zeit und Ort sich gegen mich erklärt.
Hier steh ich, mich verdammend und verteid'gend,
Der Kläger und der Anwalt meiner selbst.
P r i n z. So sag ohn' Umschweif, was du hiervon weißt.
L o r e n z o.
Kurz will ich sein, denn kurze Frist des Odems
Versagt gedehnte Reden. Romeo,
Der tot hier liegt, war dieser Julia Gatte,
Und sie, die tot hier liegt, sein treues Weib.
Ich traute heimlich sie, ihr Hochzeittag
War Tybalts letzter, des unzeit'ger Tod
Des jungen Gatten aus der Stadt verbannte;
Und Julia weint' um ihn, nicht um den Vetter.
Ihr, um den Gram aus ihrer Brust zu treiben,
Verspracht und wolltet sie dem Grafen Paris
Vermählen mit Gewalt. – Da kommt sie zu mir
Mit wildem Blick, heißt mich auf Mittel sinnen,
Um dieser zweiten Heirat zu entgehn,
Sonst wollt' in meiner Zelle sie sich töten.
Da gab ich, so belehrt durch meine Kunst,
Ihr einen Schlaftrunk; er bewies sich wirksam
Nach meiner Absicht, denn er goss den Schein
Des Todes über sie. Indessen schrieb ich
An Romeo, dass er sich herbegäbe,
Und hülf' aus dem erborgten Grab sie holen
In dieser Schreckensnacht, als um die Zeit,
Wo jenes Trankes Kraft erlösche. Doch
Den Träger meines Briefs, den Bruder Marcus,
Hielt Zufall auf, und gestern abend bracht' er
Ihn mir zurück. Nun ging ich ganz allein
Um die bestimmte Stunde des Erwachens,
Sie zu befrein aus ihrer Ahnen Gruft.
Und dacht' in meiner Zelle sie zu bergen,
Bis ich es Romeo berichten könnte.
Doch wie ich kam, Minuten früher nur,
Eh' sie erwacht, fand ich hier tot zu früh
Den treuen Romeo, den edlen Paris.
Jetzt wacht' sie auf; ich bat sie fortzugehn
Und mit Geduld des Himmels Hand zu tragen,
Doch da verscheucht' ein Lärm mich aus der Gruft.
Sie, in Verzweiflung, wollte mir nicht folgen,
Und tat, so scheint's, sich selbst ein Leides an.
Dies weiß ich nur; und ihre Heirat war
Der Wärterin vertraut. Ist etwas hier
Durch mich verschuldet, lasst mein altes Leben,
Nur wenig Stunden vor der Zeit, der Härte
Des strengsten Richterspruchs geopfert werden.
P r i n z. Wir kennen dich als einen heil'gen Mann. –
Wo ist der Diener Romeos? Was sagt er?
B a l t h a s a r.
Ich brachte meinem Herrn von Juliens Tod
Die Zeitung, und er ritt von Mantua
In Eil' zu diesem Platz, zu diesem Grabmal.
Den Brief hier gab er mir für seinen Vater
Und drohte Tod mir, gehend in die Gruft,

Wo ich mich nicht entfernt' und dort ihn ließe.
P r i n z. Gib mir den Brief; ich will ihn überlesen. –
Wo ist der Bub des Grafen, der die Wache Geholt?
– Sag, Bursch, was machte hier dein Herr?
P a g e. Er kam, um Blumen seiner Braut aufs Grab
Zu streun und hieß mich fern stehn und das tat ich.
Drauf naht sich wer mit Licht, das Grab zu öffnen,
Und gleich zog gegen ihn mein Herr den Degen;
Und da lief ich davon und holte Wache.
P r i n z. Hier dieser Brief bewährt das Wort des Mönchs,
Den Liebesbund, die Zeitung ihres Todes;
Auch schreibt er, dass ein armer Apotheker
Ihm Gift verkauft, womit er gehen wolle
Zu Juliens Gruft, um neben ihr zu sterben. –
Wo sind sie, diese Feinde? – Capulet! Montague!
Seht, welch ein Fluch auf eurem Hasse ruht,
Dass eure Freuden Liebe töten muss!
Auch ich, weil ich dem Zwiespalt nachgesehn,
Verlor ein paar Verwandte. – Alle büßen.
C a p u l e t. O Bruder Montague, gib mir die Hand:
Das ist das Leibgedinge meiner Tochter,
Denn mehr kann ich nicht fordern.
M o n t a g u e. Aber ich
Vermag dir mehr zu geben; denn ich will
Aus klarem Gold ihr Bildnis fert'gen lassen.
Solang Verona seinen Namen trägt,
Komm' nie ein Bild an Wert dem Bilde nah
Der treuen, liebevollen Julia.
C a p u l e t. So reich will ich es Romeo bereiten:
Die armen Opfer unsrer Zwistigkeiten!
P r i n z. Nur düstern Frieden bringt uns dieser Morgen;
Die Sonne scheint, verhüllt vor Weh zu weilen.
Kommt, offenbart mir ferner, was verborgen:
Ich will dann strafen oder Gnad' erteilen;
Denn niemals gab es ein so herbes Los,
Als Juliens und ihres Romeos.

(Alle ab.)

(Aus: Wilhelm Shakespeare: Romeo und Julia. Übersetzt von August Wilhelm Schlegel. Stuttgart: Philipp Reclam jun. 1969)

Astrid Lindgren

Niemals Gewalt

(Rede anlässlich der Verleihung des Friedenspreises des Deutschen Buchhandels 1978, deutsch von Anna-Liese Kornitzky)

Liebe Freunde!
Das Erste, was ich zu tun habe, ist Ihnen zu danken, und das tue ich von ganzem Herzen. Der Friedenspreis des Deutschen Buchhandels strahlt einen solchen Glanz aus und ist eine so hohe Auszeichnung, dass es einen fast überwältigt, empfängt man ihn. Und jetzt stehe ich hier, wo schon so viele kluge Männer und Frauen ihre Gedanken und ihre Hoffnungen für die Zukunft der Menschheit und den von uns allen ersehnten ewigen Frieden ausgesprochen haben – was könnte ich wohl sagen, das nicht schon andere vor mir besser gesagt haben?

Über den Frieden sprechen heißt ja, über etwas zu sprechen, das es nicht gibt. Wahren Frieden gibt es nicht auf unserer Erde und hat es auch nie gegeben, es sei denn als Ziel, das wir offenbar nicht zu erreichen vermögen. Solange der Mensch auf dieser Erde lebt, hat er sich der Gewalt und dem Krieg verschrieben, und der uns vergönnte, zerbrechliche Friede ist ständig bedroht. Gerade heute lebt die ganze Welt in der Furcht vor einem neuen Krieg, der uns alle vernichten wird. Angesichts dieser Bedrohung setzen sich mehr Menschen denn je zuvor für Frieden und Abrüstung ein – das ist wahr, das könnte eine Hoffnung sein. Doch Hoffnung hegen fällt so schwer. Die Politiker versammeln sich in großer Zahl zu immer neuen Gipfelgesprächen und sie alle sprechen so eindringlich für Abrüstung, aber nur für die Abrüstung, die die anderen vornehmen sollen. Dein Land soll abrüsten, nicht meines! Keiner will den Anfang machen. Keiner wagt es anzufangen, weil jeder sich fürchtet und so geringes Vertrauen in den Friedenswillen des anderen setzt. Und während die eine Abrüstungskonferenz die andere ablöst, findet die irrsinnigste Aufrüstung in der Geschichte der Menschheit statt. Kein Wunder, dass wir alle Angst haben, gleichgültig, ob wir einer Großmacht angehören oder in einem kleinen neutralen Land leben. Wir alle wissen, dass ein neuer Weltkrieg keinen von uns verschonen wird, und ob ich unter einem neutralen oder nicht-neutralen Trümmerhaufen begraben liege, das dürfte kaum einen Unterschied machen.

Müssen wir uns nach diesen Jahrtausenden ständiger Kriege nicht fragen, ob der Mensch nicht vielleicht schon in seiner Anlage fehlerhaft ist? Und sind wir unserer Aggressionen wegen zum Untergang verurteilt? Wir alle *wollen* ja den Frieden. Gibt es denn da keine Möglichkeit uns zu ändern, ehe es zu spät ist? Könnten wir es nicht vielleicht lernen, auf Gewalt zu verzichten? Könnten wir nicht versuchen, eine ganz neue Art Mensch zu werden? Wie aber sollte das geschehen, und wo sollte man anfangen?

Ich glaube, wir müssen von Grund auf beginnen. Bei den Kindern. Sie, meine Freunde, haben Ihren Friedenspreis einer Kinderbuchautorin verliehen, und da werden Sie kaum weitere politische Ausblicke oder Vorschläge zur Lösung internationaler Probleme erwarten. Ich möchte zu Ihnen über die Kinder sprechen. Über meine Sorge um sie und meine Hoffnungen für sie. Die jetzt Kinder sind, werden ja einst die Geschäfte unserer Welt übernehmen, sofern dann noch etwas von ihr übrig ist. Sie sind es, die über Krieg und Frieden bestimmen werden und darüber, in was für einer Gesellschaft sie leben wollen. In einer, wo die Gewalt nur ständig weiter wächst, oder in einer, wo die Menschen in Frieden und Eintracht miteinander leben. Gibt es auch nur die geringste Hoffnung darauf, dass die heutigen Kinder dereinst eine friedlichere Welt aufbauen werden, als wir es vermocht haben? Und warum ist uns dies trotz allen guten Willens so schlecht gelungen?

Ich erinnere mich noch sehr gut daran, welch ein Schock es für mich gewesen ist, als mir eines Tages – ich war damals noch sehr jung – klar wurde, dass die Männer, die die Geschicke der Völker und der Welt lenkten, keine höheren Wesen mit übernatürlichen Gaben und göttlicher Weisheit waren. Dass sie Menschen waren mit den gleichen menschlichen Schwächen wie ich. Aber sie hatten die Macht und konnten jeden Augenblick schicksalsschwere Entscheidungen fällen, je nach den Antrieben und Kräften, von denen sie beherrscht wurden. So konnte es, traf es sich besonders unglücklich, zum Krieg kommen, nur weil ein einziger Mensch von Machtgier oder Rachsucht besessen war, von Eitelkeit oder Gewinnsucht, oder aber – und das scheint das häufigste zu sein – von dem blinden Glauben an die Gewalt als das wirksamste Hilfsmittel in allen Situationen. Entsprechend konnte ein einziger guter und besonnener Mensch hier und da Katastrophen verhindern, eben weil er gut und besonnen war und auf Gewalt verzichtete.

Daraus konnte ich nur das eine folgern: Es sind immer auch einzelne Menschen, die die Geschicke der Welt bestimmen. Warum aber waren denn nicht alle gut und besonnen? Warum gibt es so viele, die nur Gewalt wollten und nach Macht strebten? Waren einige von Natur aus böse? Das konnte ich damals nicht glauben, und ich glaube es auch heute nicht. Die Intelligenz, die Gaben des Verstandes mögen zum größten Teil angeboren sein, aber in keinem neugeborenen Kind schlummert ein Samenkorn, aus dem zwangsläufig Gutes oder Böses sprießt. Ob ein Kind zu einem warmherzigen, offenen und vertrauensvollen Menschen mit Sinn für das Gemeinwohl heranwächst oder aber zu einem gefühlskalten, destruktiven, egoistischen Menschen, das entscheiden die, denen das Kind in dieser Welt anvertraut ist, je nachdem, ob sie ihm zeigen, was Liebe ist, oder aber dies nicht tun. »Überall lernt man nur von dem, den man liebt«, hat Goethe einmal gesagt, und dann muss es wohl wahr sein. Ein Kind, das von seinen Eltern liebevoll behandelt wird und das seine Eltern liebt, gewinnt dadurch ein liebevolles Verhältnis zu seiner Umwelt und bewahrt diese Grundeinstellung sein Leben lang. Und das ist auch dann gut, wenn das Kind später nicht zu denen gehört, die das Schicksal der Welt lenken. Sollte das Kind aber wider Erwarten eines Tages doch zu diesen Mächtigen gehören, dann ist es für uns alle ein Glück, wenn seine Grundhaltung durch Liebe geprägt worden ist und nicht durch Gewalt. Auch künftige Staatsmänner und Politiker werden zu Charakteren geformt, noch bevor sie das fünfte Lebensjahr erreicht haben – das ist erschreckend, aber es ist wahr.

Blicken wir nun einmal zurück auf die Methode der Kindererziehung früherer Zeiten. Ging es dabei nicht allzu häufig darum, den Willen des Kindes mit Gewalt, sei sie physischer oder psychischer Art, zu brechen? Wie viele Kinder haben ihren ersten Unterricht in Gewalt »von denen, die man liebt«, nämlich von den eigenen Eltern erhalten und dieses Wissen dann der nächsten Generation weitergegeben! Und so ging es fort. »Wer die Rute schont, verdirbt den Knaben«, heißt es schon im Alten Testament, und daran haben durch die Jahrhunderte viele Väter und Mütter geglaubt. Sie haben fleißig die Rute geschwungen und das Liebe genannt. Wie aber war denn nun die Kindheit aller dieser wirklich »verdorbener Knaben«, von denen es zur Zeit so viele auf der Welt gibt, dieser Diktatoren, Tyrannen und Unterdrücker, dieser Menschenschinder? Dem sollte man einmal nachgehen. Ich bin überzeugt davon, dass wir bei den meisten von ihnen auf einen tyrannischen Erzieher stoßen würden, der mit einer Rute hinter ihnen stand, ob sie nun aus Holz war oder im Demütigen, Kränken, Bloßstellen, Angstmachen bestand. In den vielen von Hass geprägten Kindheitsschilderungen der Literatur wimmelt es von solchen häuslichen Tyrannen, die ihre Kinder durch Furcht und Schrecken zu Gehorsam und Unterwerfung gezwungen und dadurch für das Leben mehr oder weniger verdorben haben. Zum Glück hat es nicht nur diese Sorte von Erziehern gegeben, denn natürlich haben Eltern ihre Kinder auch schon von jeher mit Liebe und ohne Gewalt erzogen. Aber wohl erst in unserem Jahrhundert haben Eltern damit begonnen, ihre Kinder als ihresgleichen zu betrachten und ihnen das Recht einzuräumen, ihre Persönlichkeit in einer Familiendemokratie ohne Unterdrückung und ohne Gewalt frei zu entwickeln.

Muss man da nicht verzweifeln, wenn jetzt plötzlich Stimmen laut werden, die die Rückkehr zu dem alten autoritären System fordern? Denn genau das geschieht zur Zeit mancherorts in der Welt. Man ruft jetzt wieder nach »härterer Zucht«, nach »strafferen Zügeln« und glaubt dadurch alle jugendlichen Unarten unterbinden zu können, die angeblich auf zu viel Freiheit und zu wenig Strenge in der Erziehung beruhen. Das aber hieße den Teufel mit dem Beelzebub austreiben und führt auf die Dauer nur zu noch mehr Gewalt und zu einer tieferen und gefährlicheren Kluft zwischen den Generationen. Möglicherweise könnte diese erwünschte »härtere Zucht« eine äußerliche Wirkung erzielen, die die Befürworter dann als Besserung deuten würden. Freilich nur so lange, bis auch sie allmählich zu der Erkenntnis gezwungen werden, dass Gewalt immer wieder nur Gewalt erzeugt – so wie es von jeher gewesen ist.

Nun mögen sich viele Eltern beunruhigt durch diese neuen Signale fragen, ob sie es bisher falsch gemacht haben. Ob eine freie Erziehung, in der die Erwachsenen es nicht für selbstverständlich halten, dass sie das Recht haben zu befehlen und die Kinder die Pflicht haben, sich zu fügen, womöglich nicht doch falsch oder gefährlich sei.

Freie und un-autoritäre Erziehung bedeutet *nicht*, dass man die Kinder sich selber überlässt, dass sie tun und lassen dürfen, was sie wollen. Es bedeutet *nicht,* dass sie ohne Normen aufwachsen sollen, was sie selber übrigens gar nicht wünschen. Verhaltensnormen brauchen wir alle, Kinder und Erwachsene, und durch das *Beispiel* ihrer Eltern lernen die Kinder mehr als durch irgendwelche anderen Methoden. Ganz gewiss sollen auch Eltern Achtung vor ihren Kindern haben, und niemals dürfen sie ihre natürliche Überlegenheit missbrauchen. Liebevolle Achtung voreinander, das möchte man allen Eltern und allen Kindern wünschen.

Jenen aber, die jetzt so vernehmlich nach härterer Zucht und strafferen Zügeln rufen, möchte ich das erzählen, was mir einmal eine alte Dame berichtet hat. Sie war eine junge Mutter zu der Zeit, als man noch an diesen Bibelspruch glaubte, dieses »Wer die Rute schont, verdirbt den Knaben«. Im Grunde ihres Herzens glaubte sie wohl gar nicht daran, aber eines Tages hatte ihr kleiner Sohn etwas getan, wofür er ihrer Meinung nach eine Tracht Prügel verdient hatte, die erste in seinem Leben. Sie trug ihm auf, in den Garten zu gehen und selber nach einen Stock zu suchen, den er ihr dann bringen sollte. Der kleine Junge ging und blieb lange fort. Schließlich kam er weinend zurück und sagte: »Ich habe keinen Stock finden können, aber hier hast du einen Stein, den kannst du ja nach mir werfen.« Da aber fing auch die Mutter an zu weinen, denn plötzlich sah sie alles mit den Augen des Kindes. Das Kind musste gedacht haben, »meine Mutter will mir wirklich weh tun, und das kann sie ja auch mit einem Stein«.

Sie nahm ihren kleinen Sohn in die Arme, und beide weinten eine Weile gemeinsam. Dann legte sie den Stein auf ein Bord in der Küche, und dort blieb er liegen als ständige Mahnung an das Versprechen, das sie sich in dieser Stunde selber gegeben hatte:

»NIEMALS GEWALT!«

Ja, aber wenn wir unsere Kinder nun ohne Gewalt und ohne irgendwelche straffen Zügel erziehen, entsteht dadurch schon ein neues Menschengeschlecht, das in ewigem Frieden lebt? Etwas so Einfältiges kann sich wohl nur ein Kinderbuchautor erhoffen! Ich weiß, dass es eine Utopie ist. Und ganz gewiss gibt es in unserer armen, kranken Welt noch sehr viel anderes, das gleichfalls geändert werden muss, soll es Frieden geben. Aber in dieser unserer Gegenwart gibt es – selbst ohne Krieg – so unfassbar viel Grausamkeit, Gewalt und Unterdrückung auf Erden, und das bleibt den Kindern keineswegs verborgen. Sie sehen und hören und lesen es täglich, und schließlich glauben sie gar, Gewalt sei ein natürlicher Zustand. Müssen ~~wir ihnen dann nicht~~ wenigstens daheim durch unser Beispiel zeigen, dass es eine andere Art zu leben gibt? Vielleicht wäre es gut, wenn wir alle einen kleinen Stein auf das Küchenbord legten als Mahnung für uns und für die Kinder:

NIEMALS GEWALT!

Es könnte trotz allem mit der Zeit ein winziger Beitrag sein zum Frieden in der Welt.

(Aus: R. Wolff (Hrsg.). Astrid Lindgren: Rezeption in der Bundesrepublik. Bonn: Bouvier 1986, S. 42-46)

Literaturverzeichnis

Becker, G. U.: Ein Märchen ist es nicht – oder doch? Zu Astrid Lindgrens Ronja Räubertochter. In: Astrid Lindgren: Rezeption in der Bundesrepublik, hrsg. von R. Wolff. Bonn 1986, S. 124ff.

Boehncke, H./Hindemit, B./Sarkowicz, H.: Die großen Räuberinnen. „Und wenn der Kopf fällt, sag ich hoppla." Frankfurt a.M. 1994

Cromme, G.: Astrid Lindgren und die Autarkie der Weiblichkeit. Hamburg 1996

Dahrendorf, M.: Utopie und Wirklichkeit. In: Astrid Lindgren: Rezeption in der Bundesrepublik, a.a.O., S. 61-66

Danielsson, T.: Ronja Räubertochter. Das Buch zum Film. Nach dem Roman von Astrid Lindgren. Hamburg 1985

Droste, W.: „Pädagogenmief. Ronja Räubertochter im Kino". In: *Die Tageszeitung*. 15.5.1986

Edström, Vivi: Astrid Lindgren: Im Land der Märchen und Abenteuer, Hamburg 1997

Held, K.: Die rote Zora und ihre Bande. Frankfurt a.M. 1992

Hurrelmann, B.: Klassiker der Kinder- und Jugendliteratur. Frankfurt a.M. 1995

Kemal, Y.: Memed mein Falke. Zürich 1990

Köster, J.: Konstruktion und Hellsicht. Die produktive Leistung von Vergleichsaufgaben im Literaturunterricht der Sekundarstufe II. Würzburg 1995,

Krumm, E.: Rezension in der *Süddeutsche(n) Zeitung,* Nr. 273

Josting, P.: „Ich will gern sehen, was ich geschrieben habe": Astrid Lindgren zum 90. Geburtstag. Basisartikel. In: Praxis Deutsch 1997, Heft 146, S. 11ff.

Lindgren, A.: Ronja rövardotter. Stockholm 1981

Lindgren, A.: Ronja Räubertochter. Hamburg 1982

Lindgren, A.: Niemals Gewalt: Rede anlässlich der Verleihung des Friedenspreises des Deutschen Buchhandels 1978. In: Astrid Lindgren: Rezeption in der Bundesrepublik, hrsg. Von R. Wolff. Bonn 1986, S. 42ff.

Ljunggren, K.: Besuch bei Astrid Lindgren: Eine Biografie. Hamburg 1992

Matthias, D.: Vom Gedankenlesen zu „er-lesenen Gedanken". Ein Film-Buch-Vergleich am Beispiel von *Ronja Räubertochter.* In: Praxis Deutsch, Sonderheft *Kinder- und Jugendliteratur im Unterricht 1995, S. 79ff.*

Müller-Michaels, H.: Produktive Lektüre. In: Deutschunterricht 8/1991

Neue Zürcher Zeitung: Filmbesprechung. 25.1.1986, Fernausgabe ohne Verfasserangabe

Odry, A.: Der Sommer wird zum Kuchen. Rezension in: Rheinischer Merkur/Christ und Welt, 10.12.1982

Ritte, H.: „Ein kleiner Übermensch in Gestalt eines Kindes". Die rebellischen Mädchen bei Astrid Lindgren. In: Welt der Kinder – Kinder der Welt: Kindheitsbilder in der Kinder- und der Erwachsenenliteratur, hrsg. von Cordes, R. Schwerte: Katholische Akademie 1989 (Dokumentationen: 20, S. 55ff.)

Salinger, J. D.: Der Fänger im Roggen. Reinbek 1966

Shakespeare: Sämtliche dramatische Werke in zwölf Bänden. Übersetzt von Schlegel und Tieck. Berlin-Leipzig, o.J. Siebenter und achter Band

Schneider, W.: Besprechung des Buches zum Film. Börsenblatt 41. Jg., 77, 27.9.1985, S. 2480ff.

Schönborn v., F.: Astrid Lindgren: Das Paradies der Kinder. Freiburg u.a. 1995

Schubert-Felmy, B.: Vom Umgang mit Menschen. Eine Einführung in die Analyse nichtfiktionaler Texte mit Hilfe produktionsorientierter Verfahren. In: Deutsch betrifft uns, 1,1995

Siebenmorgen, H. (Hrsg.): Schurke oder Held? Historische Räuber und Räuberbanden. Sigmaringen 1995

Spinner, K. H. (Hrsg.): Identität und Deutschunterricht. Göttingen 1980

Tolkien, J. R. R.: Der kleine Hobbit. München 1974

Ulrich, A. K.: „Ronja Räubertochter" – ein neues Buch von Astrid Lindgren. In: Neue Zürcher Zeitung (1982), 14./15.11.1982